AUMENTAR LA INFLUENCIA DE LAS REDES SOCIALES EN FACEBOOK.

Aumentar la influencia de las redes sociales en Facebook.

Serie " Influencia de las redes sociales "
Por: Aaron Cockman
Versión 1.1 ~Noviembre 2021
Publicado por Sherry Lee en KDP
Copyright ©2021 por Sherry Lee. Todos los derechos reservados.

Ninguna parte de esta publicación puede ser reproducida, distribuida o transmitida en cualquier forma o por cualquier medio, incluyendo fotocopias, grabaciones u otros métodos electrónicos o mecánicos, o por cualquier sistema de almacenamiento o recuperación de información, sin el permiso previo por escrito de los editores, excepto en el caso de citas muy breves incorporadas en reseñas críticas y algunos otros usos no comerciales permitidos por la ley de derechos de autor.

Quedan reservados todos los derechos, incluido el de reproducción total o parcial en cualquier formato.

Toda la información contenida en este libro se ha investigado cuidadosamente y se ha comprobado su exactitud. Sin embargo, el autor y el editor no garantizan, expresa o implícitamente, que la información contenida en este libro sea apropiada para cada individuo, situación o propósito y no asumen ninguna responsabilidad por errores u omisiones.

El lector asume el riesgo y la plena responsabilidad de todas sus acciones. El autor no será responsable de ninguna pérdida o daño, ya sea consecuente, incidental, especial o de otro tipo, que pueda resultar de la información presentada en este libro.

Todas las imágenes son de uso gratuito o han sido adquiridas en sitios de fotografías de stock o libres de derechos para uso comercial. Para la elaboración de este libro me he basado en mis propias observaciones y en muchas fuentes diferentes, y he hecho todo lo posible por comprobar los hechos y dar el crédito que corresponde. Si se utiliza algún material sin la debida autorización, le ruego que se ponga en contacto conmigo para corregir el error.

Aunque el editor y el autor han hecho todo lo posible para garantizar que la información contenida en este libro era correcta en el momento de su publicación y aunque esta publicación está diseñada para proporcionar información precisa en relación con el tema tratado, el editor y el autor no asumen ninguna responsabilidad por los errores, inexactitudes, omisiones o cualquier otra inconsistencia en este documento y por la presente renuncia a cualquier responsabilidad a cualquier parte por cualquier pérdida, daño o interrupción causada por errores u omisiones, ya sea que dichos errores u omisiones resulten de negligencia, accidente o cualquier otra causa.

Esta publicación pretende ser una fuente de información valiosa para el lector, pero no pretende sustituir la asistencia directa de un experto. En caso de que se requiera tal nivel de asistencia, se deben buscar los servicios de un profesional competente.

Contenido

Introducción..6

Capítulo no.1...9

Influencia de las redes sociales..................................9

¿Qué son los influenciadores de las redes sociales?...............10

Los tipos de influenciadores de las redes sociales son:...........10

Impacto de las redes sociales....................................12

¿Qué es Facebook?..13

Capítulo no.2...16

Elegir la plataforma social adecuada..........................16

Facebook..16

Analice a sus competidores......................................18

Capítulo no.3...22

Una influencia positiva en Facebook.........................22

Las 10 mejores formas de influir en Facebook...........25

Capítulo no. 4..35

Cómo hacer crecer tu presencia en Facebook............35

La forma correcta de aumentar tu presencia en Facebook...35

Cómo aumentar los seguidores de Facebook en 2022: 9 pasos esenciales..42

Capítulo no.5...54

Influenciador de éxito en Facebook..........................54

Cómo utilizar la analítica de Facebook para evaluar el éxito de tu enfoque..65

Capítulo no.6...68

Utiliza el marketing de influencers de Facebook a tu favor…..68

Cómo funciona el marketing de influencers en Facebook?.....69

Cómo encontrar influenciadores en Facebook……………………71

Ideas para el marketing de influencers en Facebook……………73

Capítulo no.7……………………………………………………………………76

Ideas para el marketing de influencers en Facebook………76

1. Promoción de concursos de regalos…………………………76

2. Utilizar los anuncios de Facebook para ampliar la audiencia de las campañas de influencers……………………77

3. Compartir experiencias a través de Facebook Live………79

4. Campaña de promoción cruzada desde otras plataformas………………………………………………………………80

5. Defender una causa……………………………………………81

6. Contar historias con vídeos……………………………………82

Listo para empezar con el marketing de influencers en Facebook?..84

Cómo encontrar influenciadores en Facebook………………85

Conclusión:………………………………………………………………91

Introducción.

Las redes sociales han cambiado las interacciones de las personas, el modo en que las empresas hacen negocios y el modo en que se gasta la publicidad. A medida que las plataformas de medios sociales crecían en popularidad en la década anterior, Facebook Inc. (FB) se disparó a la cima, superando a sus rivales Twitter Inc. (TWTR) y LinkedIn Corporation en términos de usuarios e ingresos. A fecha de 24 de enero de 2022, la capitalización bursátil de Facebook era de 781.000 millones de dólares, con más de 2.740 millones de usuarios mensuales activos y la publicidad móvil representó el 98,5% de los ingresos totales de la empresa en 2019. Cuando se compara con LinkedIn (250 millones de MAU) y Twitter (100 millones de MAU), Facebook tiene una ventaja competitiva debido a su enorme cantidad de usuarios activos mensuales (MAU) (330 millones de MAU). Facebook es el destino más popular para los usuarios a la hora de realizar compras en comparación con otras redes sociales, según una encuesta reciente de The Manifest, sitio web de noticias empresariales y de consejos. Aunque el sentimiento anti-Facebook, como el movimiento #DeleteFacebook, sigue cobrando fuerza, esta tendencia persiste. Es más probable que los consumidores compren a una marca que siguen en Facebook (52%) que en Instagram, YouTube, Pinterest, Twitter, LinkedIn, Snapchat y Reddit juntos (48%).

Según algunos expertos en marketing digital, se debe a la posición de Facebook como la mayor red social del mundo y a su algoritmo de segmentación. "Facebook es una red social heredada que utilizan muchas generaciones", dijo Andrew Clark, un estratega de marketing en Duckpin, una empresa de marketing digital. "El formato de las publicaciones atrae, sin duda, a personas con una mayor intención de compra porque tiende a contener contenido de formato largo". Gracias a las redes sociales, las personas y las empresas pueden comunicarse de forma más eficiente, desarrollando auténticas conexiones con los clientes. Como resultado, el 67% de las personas han comprado después de ver un anuncio en las redes sociales. "La gente se siente conectada con una empresa en las redes sociales y confía en la marca", afirma Scott Levy, director general de Fuel Online, una empresa de SEO y marketing digital. "Lo principal es aportar valor a la gente, no utilizar los medios sociales como plataforma de venta". Al producir anuncios e interactuar con personas influyentes, las marcas pueden construir una sólida presencia en los medios sociales. Puede ayudar a aumentar el reconocimiento de la marca y a atraer nuevos clientes.

Hoy en día, la gente utiliza los medios sociales para interactuar con las distintas marcas de forma diferente, y esperan que las marcas les correspondan. Aunque las redes sociales pueden ser una herramienta eficaz de marketing y ventas, también pueden ser esenciales para ofrecer un servicio al cliente de alta calidad y retener a los clientes. La mayoría de los clientes se conectan con las marcas en las redes sociales dando "me gusta" a sus publicaciones (51%), lo que no requiere una respuesta. Sin embargo, responder a las personas que dejan comentarios (31%), mencionar a las empresas en sus perfiles (22%), enviar mensajes directos a las marcas (20%) y tuitear a las marcas (18%) puede dar lugar a clientes fieles. "Las redes sociales actúan como una herramienta de marketing. También sirven como herramienta de servicio al cliente", afirma Melissa Orozco, directora general de la agencia de relaciones públicas Yulu, con sede en Nueva York. Aunque las redes sociales son una herramienta esencial de servicio al cliente y de marketing, los expertos aconsejan a las empresas que tengan en cuenta la plataforma que eligen y su grupo demográfico objetivo a la hora de desarrollar una estrategia de redes sociales.

Capítulo no.1

Influencia de las redes sociales.

La influencia en los medios sociales es una frase de marketing que representa la capacidad de un individuo para influir en el pensamiento de otras personas en una comunidad social en línea. Cuanto mayor sea la influencia de una persona, más atractiva será para las empresas u otros individuos que buscan promover una idea o vender un producto. Las empresas pueden utilizar la influencia de los medios sociales para impulsar el conocimiento de la marca, las ventas de inventario y el compromiso de los consumidores. Se puede conseguir ejecutando un plan de marketing que se centre en ampliar su impacto en los medios sociales o reclutando a personas influyentes conocidas y fiables en el sector.

Medir la influencia de las redes sociales.

La influencia puede medirse al nivel más básico observando el tamaño de las redes sociales de una persona, como las conexiones de LinkedIn, los seguidores de Twitter o los amigos de Facebook. Sin embargo, determinar cómo una persona forma conexiones sociales, quiénes son esas relaciones y la cantidad de confianza entre el individuo y sus conexiones requiere una investigación más amplia. Algunos expertos recomiendan utilizar métodos de evaluación de la influencia social. Klout es una de esas herramientas, que asigna una puntuación numérica a un individuo en función de su comportamiento en línea en las principales redes sociales. Por otro lado, otros profesionales del sector han expresado sus reservas sobre la exactitud de las medidas de Klout, señalando que Klout no rastrea todo tipo de actividad en línea. Un artículo en un blog de un autor reputado, por ejemplo, podría llegar a una audiencia limitada pero cuidadosamente seleccionada y, por tanto, ser más influyente que un simple tuit enviado a miles de personas.

¿Qué son los influenciadores de las redes sociales?

Un usuario que se ha forjado una reputación en un negocio o tipo de contenido específico y tiene acceso a una gran audiencia es un influenciador de las redes sociales. Un influenciador debe tener una audiencia lo suficientemente grande y suficiente autoridad para iniciar una conversación y motivar a la gente a tomar alguna acción o cambiar su comportamiento. Las empresas pueden contratar a personas influyentes en las redes sociales para que les ayuden a aumentar su número de seguidores en las redes sociales, a ser más reconocibles y a apoyar productos y servicios.

Los tipos de influenciadores de las redes sociales son:

- **Influenciadores famosos:** Estos son los influenciadores más conocidos, ya que su condición de famosos les ha dado un gran número de seguidores. Diversas celebridades atraen a determinados grupos demográficos y públicos objetivo. Las empresas que quieren llegar a determinados grupos demográficos y audiencias objetivo pueden contratar a un influencer famoso para que promocione o respalde su producto entre sus seguidores.

- **Influenciadores de los consumidores:** Se trata de personas normales y corrientes que se han ganado la popularidad gracias a su personalidad y su capacidad de relacionarse. Suelen ser activos en las redes sociales publicando textos, escribiendo en blogs o compartiendo fotos. Dado que su público los considera "auténticos" o "cercanos", es más probable que escuchen sus consejos, como cuando recomiendan un servicio.
- **Microinfluenciadores:** también conocidos como influenciadores expertos, son personas normales que han desarrollado un seguimiento y una autoridad de actualidad debido a su experiencia en un campo concreto. Cuando elogian o recomiendan un producto, su mercado objetivo está más inclinado a confiar en ellos.
- **Blogueros profesionales:** Los vloggers y los fotógrafos son ejemplos de creadores de contenidos. Sus responsabilidades incluyen la creación de nuevos contenidos que la gente quiera leer con regularidad. Si se envía mercancía a un creador de contenidos como parte de la estrategia de marketing de una empresa, se puede esperar que evalúe y promocione el producto entre sus seguidores. Escribir piezas patrocinadas para su sitio es otra alternativa.

Las empresas deben pensar en algunas cosas antes de contratar a un influencer. La primera es si el mensaje del influencer es compatible con el de la empresa y relevante para el mismo mercado objetivo. El segundo factor es el grado de compromiso del influencer con su audiencia. También, qué grado de confianza transmite a su audiencia. Por último, hay que evaluar el alcance del influencer o sus seguidores, ya que esto puede ayudar a predecir el retorno de la inversión (ROI).

Impacto de las redes sociales.

Las redes sociales sólo van a fortalecerse como medio de comunicación y entretenimiento. Por lo tanto, las plataformas sociales sólo van a fortalecerse a medida que aumenten sus miembros. Como consecuencia, se aprecian los siguientes impactos de los medios sociales en la sociedad:

- Aumentar la conciencia de los puntos de vista y cuestiones sociales, éticas, medioambientales y políticas.

- Difusión rápida y eficaz del material didáctico.
- Creación de nuevas opciones de marketing para las empresas.
- Desarrollar nuevas vías a través de las cuales las empresas puedan encontrar, reclutar y contratar nuevo personal.
- Aumentar el número de relaciones sociales entre individuos y grupos.
- Creación de nuevos puestos de trabajo en el sector de las redes sociales y la consultoría.
- Proporcionar un foro para la conversación en grupo y el intercambio de ideas.

¿Qué es Facebook?

Facebook es un servicio de red social que permite a los usuarios conectarse con sus amigos, familiares, compañeros de trabajo, otras personas y grupos de personas que comparten el mismo interés. Los usuarios pueden enviar a sus amigos fotografías, vídeos, artículos y pensamientos. Los empresarios deben entender primero en qué se diferencia de otras plataformas de medios sociales para sacar el máximo partido a Facebook. Cuando las redes sociales se lanzaron por primera vez, se concentraban en la expresión individual; sin embargo, Facebook promueve el desarrollo de las relaciones para fomentar una comunidad online interconectada. Las empresas pueden utilizar las redes sociales para comunicarse con sus consumidores y su público objetivo sobre cambios de horario, ventas y promociones, nuevas ofertas de productos, fotos de la mercancía, etc. Cuando publiques nuevo material, quienes sigan tu página recibirán una notificación instantánea y podrán compartirlo con su red o con un grupo específico de amigos con un solo clic. Los fans pueden dejar comentarios y enviarte mensajes directos en tu página. Si te relacionas con estos seguidores y respondes a sus preguntas, puedes convertir a un consumidor potencial en un cliente fiel de inmediato. Como sus contactos pueden ver a qué marcas siguen, incluso los seguidores de su marca que no comparten sus actualizaciones son avalistas públicos. Otras redes, como Twitter, que permite a las empresas difundir noticias o breves fragmentos escritos de hasta 240 caracteres, pueden tener objetivos diferentes. Aun así, Facebook es la que más funciones ha creado de todas las redes. Esta diversidad expone a las empresas a una gran base de consumidores y les permite relacionarse con los clientes de diversas maneras.

PUNTO IMPORTANTE: El punto más importante es que Facebook fue la primera plataforma de medios sociales que alcanzó el éxito a largo plazo. Expone a las empresas a un público amplio y diverso, a la vez que ofrece un conjunto completo de funciones en comparación con otras redes sociales.

Capítulo no.2.

Elegir la plataforma social adecuada.

Ante todo, reconozca que el hecho de que una red social exista no implica que deba utilizarla. Sería útil que primero decidiera si tiene sentido para su empresa tener una presencia en la plataforma, quién la usa y cómo la usa. ¿Es seguro asumir que su público objetivo utiliza todos los canales de redes sociales disponibles? La respuesta es casi seguro que no. Por ello, su marca debe estar presente en la(s) plataforma(s) que utilizan sus clientes. No importa que tengas un gran contenido y una presencia muy activa en Facebook si tu buyer persona no está allí también.

Analicemos en profundidad Facebook.

Facebook.

Es imposible negar que Facebook sigue siendo la plataforma de medios sociales dominante. No debería sorprendernos que mantener a la gente en el sitio durante más tiempo sea una de las principales preocupaciones, con más de 2.500 millones de usuarios activos. Para ayudar a sus usuarios a hacer más cosas en el sitio sin abandonarlo, Facebook ha introducido varias funciones nuevas en los últimos años. Entre ellas se encuentran los nuevos servicios de Grupos de Facebook y de transmisión de vídeo en directo, así como una plataforma de publicidad mejorada (más adelante se hablará de ello). Entiendo lo que estás pensando... "Sin embargo, mi empresa es única, y estos nuevos servicios no son efectivos para mí". No podríamos vendernos en Facebook porque nuestro público no podría encontrar nuestras cosas allí". Incluso si tu público objetivo no utiliza Facebook para trabajar, es probable que lo utilice por motivos personales, quizás como un descanso mental de su lugar de trabajo. En este sentido, todavía pueden encontrarte y causar una impresión.

Por ejemplo, SurveyMonkey publicó un excelente post en Facebook sobre el uso de encuestas para desarrollar anuncios publicitarios, logotipos y envases de éxito utilizando cachorros (siempre una victoria a mis ojos). Es directo, llamativo y ofrece una propuesta de marca atractiva para el consumidor.

Analice a sus competidores.

Analizar a tu competencia es algo que debes hacer regularmente en marketing, lo que es válido para los medios sociales. ¿Qué canales de medios sociales utilizan? ¿Qué tipo de información difunden? ¿Con qué frecuencia comparten? Entender las estrategias de los medios sociales de sus competidores y su implicación podría ayudarle a crear una hoja de ruta para lo que usted debería hacer también. Y lo que es más importante, estudiar a la competencia le ayudará a identificar formas de diferenciarse como marca a los ojos de los clientes a los que aspira.

Facebook se fundó hace una década, pero se ha convertido en algo mucho más visible y significativo en la vida de la mayoría de la gente de lo que cualquiera podría haber imaginado. Ha evolucionado hasta convertirse en una versión más refinada del tradicional boca a boca, y las empresas están intentando aprovecharlo como tal. He aquí cinco consejos para ayudarte a aumentar tu influencia en Facebook.

1. Conozca su presencia en línea.

Casi todas las organizaciones, organizaciones benéficas, empresas y personas tienen ahora un canal en las redes sociales (o deberían tenerlo). Sin embargo, para sacar el máximo provecho de su presencia en línea, debe ser capaz de responder a tres preguntas clave:

- ¿Cuál es el estado de mi presencia online? Por ejemplo, hemos tenido clientes que desconocían numerosos feeds de Twitter, LinkedIn y Facebook y enviaban mensajes contradictorios.
- ¿Qué sitios de redes sociales son los mejores para mi base de fans/audiencia? Por ejemplo, Vine, un sitio para compartir vídeos de seis segundos, es ideal para el programa de especies en peligro de extinción del WWF, pero no tanto para la labor de apoyo de los Samaritanos.

¿Cómo medimos nuestra influencia en Internet? ¿Estamos rastreando y evaluando a dónde van los visitantes en nuestro sitio, quiénes retuitean y cuántos comentarios recibimos en nuestras publicaciones (y, lo que es más importante, a cuántas personas les ha llegado esta información?) La mayoría de las plataformas cuentan con capacidades para rastrear cuántas veces se han visto tus páginas o artículos, cuántos clics por minuto has recibido, qué material es el más famoso (amado), etc.

2. Reconocer los métodos más eficaces para influir en grupos esenciales de personas.

Una vez que haya identificado el canal más eficaz para llegar a su público objetivo, tendrá que elegir la mejor estrategia para influir en él. ¿Debemos crear artículos, películas o imágenes, o debemos utilizar juegos, peticiones u otros métodos para atraer a nuestro público objetivo? Mantenerlos al tanto de cuántas acciones han realizado y cuánto tiempo han invertido hasta la fecha.

3. Produzca contenidos compartibles. Haz que sea fácil hacerlo!

Facebook permite a los usuarios compartir material, por lo que resulta sencillo interactuar con películas de campañas, infografías, vídeos virales, carteles y otros medios de comunicación de la forma más popular posible. Dado que es un reto destacar en las redes sociales, debes dedicar toda tu energía creativa a crear fotos relevantes para promocionar tus publicaciones y aumentar las posibilidades de compartirlas. Asegúrate de que tu material no sea demasiado denso o largo y que la gente pueda comprenderlo y compartirlo fácilmente (y con propiedad). Por qué no componer un trozo de texto compartible que acompañe a tus publicaciones: contenido retuiteable de 140 caracteres?

4. Evite iniciar y detener su campaña.

Cuando empieces en un canal, mantén a tu audiencia involucrada publicando información con frecuencia. Muestre proyectos y triunfos anteriores, el impacto que ha tenido hasta ahora, su "guión gráfico" o su personalidad: comunicando de esta manera, generará audiencias comprometidas. Mantenga a sus consumidores y clientes bien informados manteniéndose al tanto del flujo de información. Sin embargo, no los aburra.

5. Por último, delega el trabajo pesado en otra persona!

Los socios relevantes utilizarán con gusto su contenido, así que tenga esto en cuenta al crear su campaña y ajustar su plan. Usted puede ser un socio de confianza en esta iniciativa, y podría aprovechar las redes que podrían llegar inmediatamente a 1,5 millones de personas, como por ejemplo si trabaja con O2 Priority Moments. Supongamos que puede desarrollar el apoyo y el compromiso de forma significativa y relevante.

" Tócate" para la concienciación sobre el cáncer de mama es una de las mejores campañas sociales benéficas y medioambientales del año anterior.

Las revistas Women's Health y Men's Health iniciaron en octubre de 2012 una campaña para promover la detección precoz del cáncer mediante autocomprobaciones de anomalías mamarias. Se creó una aplicación de Facebook para animar a la gente a autocomprobarse y a compartir con sus amigos una selección de 14 postales previamente escritas. Este es el rey de las campañas, una fantástica ilustración del uso de los canales sociales; el canal principal era Facebook, con material compartible que atraía al público objetivo y formas de instar a los amigos a hacer lo mismo.

Capítulo no.3.

Una influencia positiva en Facebook.

¿Quieres que la gente te conozca, te guste y confíe en ti en Facebook? ¿Quieres ver más clientes y ventas como resultado de tus esfuerzos en las redes sociales? Cuando publicas en Facebook, un enfoque para asegurar ambas cosas es hacer conscientemente una influencia positiva. Este consejo describe cinco consideraciones cruciales que debes tener en cuenta a la hora de establecer una presencia en Facebook y que tendrán un impacto significativo en la influencia de tus seguidores. Tanto si se trata de tu perfil personal como profesional, nunca sabes quién lo está leyendo y tomando una decisión sobre ti: ¿debes gustarles? ¿Deben confiar en ti? ¿Deben saber más sobre ti? Te guste o no, la marca personal juega un papel muy importante en las redes sociales. Alguien se forma una opinión de ti en 5 segundos, ya sea favorable, perjudicial o neutral. Todo lo que dices, haces, escribes y eres en las redes sociales deja una impresión en otra persona.

Aquí tienes cinco estrategias para tener un impacto más positivo en tus seguidores de Facebook:

1. Utilice una foto de perfil profesional.

Comprueba que tienes una foto profesional de ti mismo en todos tus perfiles de redes sociales, no sólo un selfie de las vacaciones. Tu foto puede ser más informal en tu perfil, pero en tu página debe ser más profesional.

2. Sé consciente de lo que publicas.

Cuando se trata de tener un impacto favorable en los demás, no sólo se trata de cómo apareces; también de lo que publicas. Dado que lo que eres tiene un efecto directo en los demás, ten en cuenta las siguientes cuestiones relativas a tu estilo de publicación:

- ¿Es esto algo bueno o malo? Te aconsejo encarecidamente que te centres en los aspectos positivos de tu situación, en lugar de criticar a alguien o a algo para defender tu punto de vista. Antes de hablar en contra de alguien o de algo, asegúrate de tener los hechos claros. Una historia siempre tiene dos caras. Puedes seguir expresando tus preocupaciones, pero hazlo de forma objetiva y sin prejuicios, en lugar de despotricar.
- ¿Estoy siendo alentador o despectivo y crítico?
- ¿Estoy presentando una queja u ofreciendo una solución?
- ¿Estoy contribuyendo a la mentalidad del terror con este post, o soy una voz de la razón?
- ¿Es una actitud crítica o una actitud acogedora?

Y si te gusta publicar muchas cosas relacionadas con la política o el debate porque te interesan, apasiónate por ellas, pero entiende que no vas a complacer a todo el mundo, y debes estar bien con eso. Esté seguro de lo que cree, y no tenga miedo de decir lo que piensa.

3. Encarnar un estilo de comunicación positivo.

Tu estilo de comunicación tiene un impacto significativo y directo en las personas con las que te comunicas y en tu capacidad para influir en ellas. Estos son algunos puntos que debes recordar al interactuar con la gente en Facebook:

- a. **Ayudar a otros.**
    - i. Busque oportunidades para impartir su sabiduría y experiencia en sus áreas de especialización.
    - ii. No haga publicidad. Simplemente, ayúdenos y comparta lo que sabe de forma constructiva.
- b. **Muestra tu apoyo a los demás dándole a me gusta, comentando y compartiendo las publicaciones de tus seguidores.**
    - i. Felicitar a los demás por sus logros.
    - ii. Ofrezca ánimo a sus seguidores cuando lo necesiten.
    - iii. Remita a otras personas que necesiten ayuda en las áreas en las que usted no pueda ayudar. Su consideración no pasará desapercibida.

4. **Elegir amigos afines.**

Con tantos perfiles falsos y estafadores acechando en Facebook estos días, siempre es una buena idea investigar antes de aceptar una solicitud de amistad. Sólo hay que seguir a las personas que comparten sus pensamientos y su honestidad. Ponte en contacto con otras personas que compartan tu misma afición, filosofía o ideología.

5. **No es todo sobre ti.**

Hay que tener en cuenta porque Facebook fue creado en primer lugar. No es para ganar dinero o vender nuestras cosas. Es para interactuar con otros y formar amistades y relaciones positivas. Así que, cuando estés en Facebook, expresa tu gratitud, admiración, comprensión y compasión por los demás. Esta estrategia tendrá un impacto mucho más favorable en la forma en que la gente te ve a ti y a tu empresa. Cuanto más te concentres en las personas, más desarrollarás una relación de "conocimiento, agrado y confianza" con ellas, lo que conducirá a un mayor éxito de la empresa a través de clientes potenciales, ventas y recomendaciones.

Las 10 mejores formas de influir en Facebook.

La gente ahora puede compartir y estar conectada gracias a los medios sociales modernos. A diferencia de los medios tradicionales, en los que sólo unos pocos famosos tenían una gran base de seguidores, ahora cualquiera puede participar. En los últimos diez años, Facebook ha crecido exponencialmente, cambiando la forma en que la gente "se conecta". Facebook creó el escenario para que surgieran Twitter, Instagram y Pinterest. Ya no se trata sólo de relacionarse con la gente en las redes sociales. Ha evolucionado hasta convertirse en una amplia plataforma social para todo, desde las compras hasta la cocina, pasando por el marketing, las citas o la expresión de opiniones políticas, sociales y económicas.

Los medios de comunicación social pueden hacer que las empresas, e incluso las relaciones, se conviertan en realidad. Los medios sociales tienen un impacto tan importante que pueden utilizarse para el marketing, la actividad económica y como plataforma para expresar las propias opiniones. Por ello, hay que influir en los medios sociales actuales para obtener los mejores resultados. Según las cifras anteriores, el 23% de los responsables de marketing de las marcas desarrollan tácticas para influir en los medios sociales, pero siguen fracasando. Alrededor del 15% de los clientes utilizan los medios sociales para buscar empresas locales. ¿Es posible que estas cifras aumenten? ¿Podrán los responsables de marketing de las marcas tener éxito en sus esfuerzos? Hablaremos de cómo se influye en

Facebook de forma efectiva y utilizaremos la plataforma para captar aún más a nuestro público objetivo.

1. Comparte lo que te gusta o proporciona contenido valioso para la audiencia en Facebook.

Has pasado horas escribiendo un artículo fantástico y cientos de revisiones hasta completar el producto final. Sin embargo, aún le queda un largo camino por recorrer. Debes comercializar tu material donde está el público objetivo. Sube tu trabajo a Internet. Sí, haz clic en "compartir". El botón de compartir posee habilidades mágicas. Puede difundir tu trabajo a un público mucho más amplio que tus seguidores en las redes sociales. Si la información es interesante, las personas la compartirán con sus redes, llegando a un público más amplio. No podemos hacer que la gente comparta nuestro contenido. Será nuestro trabajo el que hable por sí mismo. Por ello, el contenido debe ser relevante y significativo. Siempre hay que tener en cuenta al público al que va dirigido el contenido que se comparte. El contenido/la marca debe difundirse en la red social adecuada. Según un análisis global, Facebook representa el 56% de los mecanismos para compartir contenidos. Los adolescentes y los niños son los grupos más activos a la hora de compartir.

Consejos rápidos para conseguir que tu contenido en Facebook sea "compartido:

1. Haga que su material sea fácil de usar.

2. Cree títulos intrigantes: utilice palabras clave y titulares claros y concisos.

3. Crear listas numeradas y publicaciones de "por qué" para captar la atención del consumidor.

2. Utiliza Social Pilot para publicar de forma consistente.

Numerosas plataformas de medios sociales, como Instagram, Facebook, LinkedIn, Google Plus, Twitter y otras, han saturado el panorama de los medios sociales. El simple hecho de entrar y salir de ellas puede ser una tarea considerable. A veces nos perdemos redes vitales al compartir contenidos. Social Pilot es una herramienta fantástica que te permite sincronizar todas tus cuentas de redes sociales. Los únicos pasos necesarios son registrar una cuenta de Social Pilot y vincular todas tus cuentas de redes sociales. Una vez que hayas programado todas tus publicaciones en los medios de comunicación con antelación, puedes hacer una sola publicación y enviarla a muchos foros a la vez. Su marca personalizada en Facebook incluye una función expresiva que potencia la visibilidad de tu publicación en Facebook. "Publicado por su marca" puede sustituirse por "publicado por Social Pilot". Esto no sólo aumenta su base de fans, sino que también ofrece a su empresa una imagen auténtica. En la categoría de Internet y telecomunicaciones/redes sociales, Social Pilot ocupa el puesto 692. Puede hacer un seguimiento de sus publicaciones, gestionar varias cuentas de redes sociales y programar contenidos para diferentes zonas horarias. Cuando publicas contenido en el momento adecuado, éste tiene un impacto mucho más significativo. Cuando te quedas sin ideas de contenido fresco, Social Pilot viene al rescate. Es una fantástica herramienta en línea para los blogueros y los comercializadores de contenidos que buscan impresionar a su audiencia.

3. Centrarse en una estrategia de marketing en Facebook.

Es fantástico producir posts y publicarlos en las redes sociales con regularidad. Sin embargo, realizar demasiadas cosas a la vez puede hacer que parezcas demasiado entusiasmado. No intentes trabajar en el vacío. Entiende lo que quiere tu mercado objetivo, genera contenidos de alta calidad, diseña una estrategia de marketing y ve a por ello. Cambiar el plan de marketing de uno a otro no es una buena idea. La frase "El contenido es el rey" existe desde hace mucho tiempo. Por lo tanto, concéntrese en su contenido. Añada estadísticas, citas, fotos, enlaces, infografías y otras referencias a la información para hacerla más valiosa.

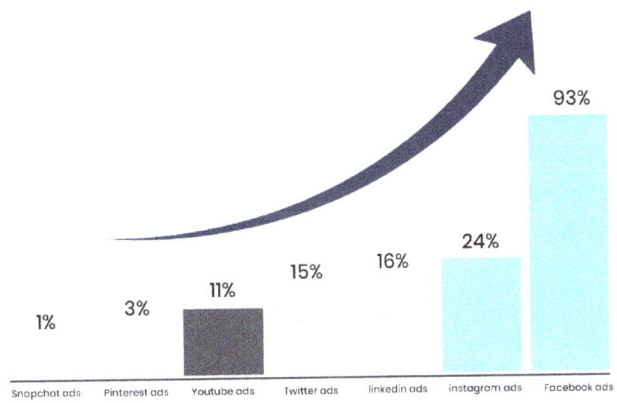

Los siguientes son los tres factores principales que hacen que el material sea eficaz:

- Relevancia para el público objetivo (58%)

- Una historia interesante y convincente (57 percent)
- Inicia una reacción/comentario/discusión (54 percent)

Para impactar en Facebook, céntrate en estas tres variables. Crea una estrategia para la página de Facebook y crea sólo material para los canales relacionados. Como influenciador, debes entender con precisión lo que quiere tu audiencia y elaborar tu material para que atraiga la atención.

4. Tenga una red sólida dentro de su propia comunidad.

Celebridades, autores y otras figuras destacadas responden a sus fans de Facebook en público. También puedes ofrecer mensajes personalizados a tus admiradores para crear un vínculo más fuerte con ellos. Crea excelentes publicaciones en Facebook para hacer crecer tu base de fans. Involucra a tu público y ten en cuenta sus comentarios. Incorpora sus sugerencias en los lugares adecuados. Produce mejor material en respuesta a sus expectativas y peticiones. Los mejores vendedores de tu marca vendrán de tu base de fans. Intentar crear una base en lugares aleatorios puede resultar en un callejón sin salida. Ellos distribuirán tu contenido a otros fuera de tu vecindario. Serán los promotores más entusiastas de tu material.

5. Dar el debido crédito y reconocimiento a las personas.

Su mercado objetivo le adora. Esperan con impaciencia su próximo lanzamiento. Pero, ¿les das el crédito que merecen? Un influenciador de Facebook tendrá un impacto en su audiencia y permanecerá en sus mentes. Muestra siempre tu agradecimiento por sus halagos. Gánate la confianza de tu audiencia estableciendo una conexión con ella. Como promotor de una marca, puedes utilizar los concursos online para despertar el interés de tu público objetivo. Ofrezca a los destinatarios de los premios regalos atentos y sinceros. Lleve a cabo actividades personales para que sus fans formen una red entusiasta a su alrededor. Existen herramientas de comportamiento online que permiten a los influencers evaluar el comportamiento de su audiencia.

6. Suscribirse al feed de los mejores blogs.

Aunque la actividad más importante de los medios sociales no tiene nada que ver contigo, si estás "socialmente a la escucha", podrías alterar la situación a tu favor. Uno de los servicios de blogging más agresivos es Tumblr. Entusiastas de diversos ámbitos se reúnen para publicar y compartir sus obras de arte. Puedes seguir y suscribirte a cualquiera de estos blogs en función de tus preferencias. Los blogs más populares son los que reciben más tráfico, lo que permite compartir más comentarios, conversaciones, quejas e ideas. Y quién sabe, ¡quizá seas el primero en aprovechar una oportunidad! Todos hemos oído la expresión "persona adecuada, lugar adecuado, momento adecuado". Algunos de los mejores blogs de marketing en Internet no se centran simplemente en un tema, sino que abarcan una amplia gama de cuestiones. Si te suscribes a un blog de alta calidad como HubSpot, Blue Glass o KISS metrics, puedes influir significativamente en Facebook.

7. Persistencia.

Internet está inundado de una cantidad insondable de información. Además, la capacidad de atención del ser humano es de apenas 8 segundos en general. En consecuencia, la "supervivencia del más fuerte" es la única opción. Como marca/comercializador de contenidos, su trabajo consiste en mantener a los lectores interesados en sus blogs y artículos. Las marcas y los profesionales del marketing deben reconectar continuamente con sus clientes creando una gran cantidad de contenido. Por supuesto, esta información debe ser relevante para la base de fans. Publica tus cosas. Sin embargo, Facebook sigue llevando la delantera en cuanto a números. Cuenta con 1.500 millones de miembros mensuales y es la red social más popular. Así que sigue publicando hasta que la gente se vea obligada a prestar atención!!

8. Participar en eventos locales y nacionales.

Es increíble ver cómo algunas personas tienen miles de fans en Facebook. El potencial de una persona para influir en una audiencia se ha ampliado a medida que las redes sociales se han fortalecido. Por eso, si nos convertimos en actores activos, podemos influir de forma significativa en las redes sociales modernas. SouthbayPavillion utiliza el concepto de incorporar tuits en directo a los eventos. Utiliza un estilo de redacción único y atractivo para convertirse en un "trending topic" de Twitter.

Los concursos y otros eventos sociales pueden convertirse en virales si se les da la publicidad adecuada. Participa en foros en línea, grupos de debate y seminarios web. Estos acontecimientos pueden ser fundamentales para cambiar la dinámica de su marca. El objetivo es llamar la atención de las personas adecuadas.

9. Esté al día, sea inteligente y utilice la terminología de las palabras# Hashtags, Emojis y más

Los emojis fueron lo más adorable que se inventó en Internet. Estos iconos empezaron a ganar popularidad entre el público online porque eran divertidos, vivos y alegres. Reconoció la popularidad de los emojis y creó el hashtag emoji. Desde que se publicó el primer #hashtag# en Facebook, ninguna discusión entre adolescentes, amigos o seguidores está completa sin él.

Las promociones con hashtags de Red Bull y Coca-Cola fueron emocionantes. Estos esfuerzos tuvieron un gran éxito a la hora de influir en las redes sociales. En Facebook, la gente utilizó el hashtag #Share a Coke para compartir sus historias de éxito. Fue una moda que finalmente se extendió a todo el mundo. Los #Hashtags, los

#emojis y otros acrónimos de Internet (#cientos de ellos#) son formas estupendas de compartir información increíble que repercute en las modernas plataformas de redes sociales como Facebook.

10. Sé auténtico.

Ganarse la estima de la audiencia es el enfoque más aceptable para influir en ella. A la hora de compartir en las redes sociales, sé distintivo, creativo y diferente. Sé tú mismo. Los medios sociales modernos se han convertido en una parte mucho más importante de nuestras vidas de lo que pensábamos a principios de siglo. Incorpora imágenes, vídeos y otros medios a tu material para mantener a los lectores interesados. Vas por buen camino si produces artículos atractivos, sin plagios y que capten la atención de tus lectores. Tu voz será la que se pegue a tu público objetivo.

Capítulo no. 4

Cómo hacer crecer tu presencia en Facebook.

La forma correcta de aumentar tu presencia en Facebook.

Tener una presencia fuerte, o incluso fantástica, en Facebook puede ayudar al crecimiento de tu empresa como las flores silvestres. Pero esto sólo ocurrirá cuando hayas conseguido un número importante de seguidores y hayas aprendido a darles exactamente lo que quieren. A continuación se presentan algunas técnicas excelentes para que cualquier propietario de un negocio o comercializador impulse su presencia en Facebook y ayude a su empresa a crecer.

1. **Haz una lista de tus metas y objetivos.**

Identificar tus metas y objetivos es el primer paso para ampliar tu presencia en Facebook. Significa que antes de empezar a publicar en el blog, asegúrate de saber qué es lo que persigues. Si entiendes cómo funciona cada plataforma, quién es tu público objetivo y dónde se encuentra, estarás bien encaminado para alcanzar tus objetivos.

2. **Deje claro que es un ser humano.**

Ofrece a tus espectadores una visión de tu lado humano. Para que esto funcione, tendrás que estar activo en las redes sociales a menudo. Bastante a menudo, de hecho.

Ten en cuenta que compartir un enlace no es lo mismo que esperar que alguien lea o haga clic en tu artículo. Implica presentarse y comunicarse con todo el mundo. Responde a las publicaciones de tu audiencia y participa con ellos cuando muestren interés. Muéstrales quién eres, y querrán leer más artículos tuyos o visitar tu sitio web porque se sentirán más conectados contigo.

3. Reconocer sus necesidades.

Comprender las exigencias de su público le permitirá comunicarse con él a un nivel más personal. Saber qué les gusta leer y en qué creen le ayudará a saber qué debe presentarles. Una vez que comprenda esto, podrá proporcionarles todo lo que desean, incluso dirigirlos a su sitio web para que conozcan más sobre su empresa.

4. Haga visibles los iconos en su sitio web.

Asegúrate de incluir los emblemas de las redes sociales en tu sitio web. A quienes lean tu trabajo les resultará más fácil conectar contigo si haces esto. Facilítales el contacto en lugar de exigirles que te busquen.

5. Conecte su perfil de Facebook.

Conecta tus cuentas de Facebook u otras redes sociales a tu perfil. Es aconsejable enlazar a su sitio web desde sus perfiles, al igual que usted querrá enlazar a su sitio web desde sus perfiles para que los visitantes puedan obtener más información sobre su empresa.

6. Todo el mundo debería conocerlo.

Tus cuentas de Facebook deben ser compartidas con todos tus conocidos. No seas spam, pero no tengas miedo de ofrecer tu información. Si lo haces, sabrán que estás en Facebook y podrán compartir tus publicaciones con sus amigos. Es una forma fácil de difundir el mensaje.

7. Desarrollar una estrategia de Facebook integrada.

Debe asegurarse de que cada red social que utilice tenga un propósito. Empezar un calendario de marketing le ayudará a hacerlo. Haga un calendario para todos sus próximos eventos, entradas de blog y cualquier otra cosa que decida hacer con su negocio. Te ayudará a mantenerte organizado y a entender cómo cada uno de tus perfiles en las redes sociales puede ayudar a tu negocio a llegar a nuevos mercados.

8. Producir contenido de alto valor.

En algunos casos, querrá publicar un gran contenido en su blog y en las redes sociales simultáneamente. Ser capaz de atraer y retener más clientes e ingresos es posible al tener el mejor contenido.

Todo el mundo debería participar.

Debes interactuar con las personas que dejan comentarios en tus sitios de Facebook. Esto significa que siempre debes responder a lo que otras personas tienen que decir. Demuéstrales que te interesa lo que tienen que decir haciéndoles saber que les escuchas y lees lo que tienen que decir. Luego, ofréceles más de lo que quieren para que sigan publicando en tus sitios.

9. **Mejora el rendimiento de tus cuentas de Facebook.**

El uso de palabras clave para optimizar tus cuentas de Facebook es imprescindible. Sé específico con los términos que utilizas. Ten en cuenta las consultas de búsqueda de tus consumidores e inclúyelas en tus publicaciones.

10. **Utiliza los hashtags.**

Los hashtags son muy populares hoy en día. Todo el mundo los utiliza para aumentar el número de visitantes que visitan sus sitios o leen sus publicaciones. El uso de hashtags en Facebook te ayudará a atraer a más personas a tus cuentas de redes sociales y a tu sitio web, pero ten cuidado con su uso. No termines cada post con 15 hashtags que no estén conectados.

11. **Incluya iconos de redes sociales en sus correos electrónicos.**

Piense en esto: usted envía correos electrónicos todo el día. Si incluyes símbolos de redes sociales en tu correo electrónico, es más probable que los destinatarios se vuelvan curiosos y visiten tus páginas y, eventualmente, tu sitio web. Esta es una estrategia fantástica para ampliar tus seguidores en las redes sociales.

12. Proporcione un beneficio a su audiencia.

Tu público apreciará que le ofrezcas un beneficio. ¿Qué me ofrece?", dicen los visitantes de tu perfil social en Facebook. Demuéstralo regalando algo, cualquier cosa que les incite a unirse a tu empresa estableciendo una relación de confianza o despertando su interés. Considere la posibilidad de darles una prueba gratuita, un libro gratuito, un vale de descuento o simplemente un "me gusta" en su página. Esto le ayudará a ganar seguidores valiosos que continuarán comprometiéndose con usted.

13. Ramificación.

Utiliza algo más que Facebook, Twitter, Pinterest, Google+ e Instagram. Hay una gran cantidad de plataformas de redes sociales diferentes para elegir. Esto podría incluir los marcadores sociales, las reseñas sociales y otros sitios. También puede utilizar Foursquare para actualizar su ubicación y hacer que sus clientes sepan dónde está. No se trata sólo de los grandes cuando se trata de ser social.

14. Utilizar los juegos.

La gente disfruta respondiendo a las preguntas y acertando. El uso de juegos de trivia para aumentar los "me gusta", los seguidores y el tráfico es un enfoque excelente para aumentar el compromiso y atraer a nuevos consumidores. También es posible divertirse mucho con ello!

15. Publicar regularmente a un ritmo cómodo.

Es agravante visitar uno de tus blogs favoritos y descubrir que no se ha actualizado en mucho tiempo. Eso implica que debes publicar con frecuencia y a un ritmo cómodo. Si es necesario, siempre puedes planificar tus publicaciones con antelación para no dejar a tu audiencia colgada.

16. Intentar no subcontratar.

Intenta publicar en tus propias cuentas de Facebook. Le dará un aspecto natural. Si decide subcontratar, asegúrese de que la persona tiene una voz comparable a la suya.

17. Investiga.

Cada negocio tendrá una experiencia única en Facebook; por ejemplo, un restaurante tendrá una estrategia completamente diferente a la de una tienda de coches usados. Tómate el tiempo de buscar otros métodos para aumentar el número de "me gusta" y de seguidores en tus perfiles de redes sociales. Echa un vistazo y aprende todo lo que puedas sobre cómo ampliar tu presencia en Facebook en tu mercado objetivo.

18. Darles una razón.

Da a tus clientes una razón para que les guste tu página de Facebook y te sigan en la plataforma de redes sociales. Muéstrales que vas a escribir con frecuencia y que vas a publicar actualizaciones interesantes. Esto les motivará a interactuar con usted.

19. Tratar las reclamaciones de los clientes con eficacia.

Si recibes una queja a través de tu página de Facebook, responde rápida y eficazmente. Incluso si no lo son, responde y sé profesional. Si quieres mantener a tus clientes contentos, asegúrate de responder rápidamente a sus consultas. Proporcionar una atención al cliente de primera clase.

20. Proporcionar preguntas y respuestas.

Utiliza tu página de Facebook para preguntar y responder a las consultas. Utiliza un área de preguntas frecuentes para responder a sus preguntas rápidamente.

21. Pedir a los clientes que compartan y conecten.

Podrías ganar más seguidores simplemente pidiendo a tus clientes y posiblemente incluso a tus clientes potenciales que compartan e interactúen con tu perfil de Facebook.

22. Cree un plan y cúmplalo.

Haz una estrategia para atraer más admiradores. Sigue tu plan y haz lo que creas que te ayudará a tener más éxito. Sigue con ello si encuentras algo que funciona bien.

23. Tratar cada red social como una red individual.

Trate cada cuenta de las redes sociales por separado. Para atraer a más seguidores, compártelos individualmente y con frecuencia.

24. Ir más allá en la atención al cliente.

Supera los obstáculos para ayudar a los demás a encontrar una solución a sus problemas. De esta forma, sabrán que estás haciendo todo lo posible para ayudarles y, como resultado, te verán como una gran persona con una empresa respetable. Eso les animará a volver.

Cómo aumentar los seguidores de Facebook en 2022: 9 pasos esenciales.

Cómo crear un grupo de fans en Facebook.

- Investiga a tu competencia.
- Rellena completamente tus perfiles (sí, los tuyos también)
- Mantén la coherencia de tu marca.
- Distribuye contenidos fantásticos
- Establece conexiones con líderes de opinión y personas influyentes del sector.
- Haz uso de los hashtags.
- Los anuncios que pagas deben aparecer en tus publicaciones.
- Establezca contacto visual con su audiencia.

Me he acostumbrado a pasar la mayor parte de mis horas de vigilia en las redes sociales debido a esto. Todavía recuerdo lo feliz que me sentí cuando abrí por primera vez una cuenta en Facebook y me conecté con personas de mi mundo físico. Hoy en día parece una tontería, pero en aquel momento fue un acontecimiento importante. Con el tiempo me pasé a Twitter, Instagram y LinkedIn, entre otras redes, ya que necesitaba estar en todas ellas. A medida que me he ido haciendo mayor y he empezado a trabajar en marketing digital, me he dado cuenta de la importancia que han adquirido las redes sociales en todo lo que hacemos como sociedad y de lo diferente que ha evolucionado la vida como consecuencia de ello. Empleo la mayor parte de mi tiempo libre en las redes sociales. Todavía recuerdo lo feliz que me sentí cuando abrí por primera vez una cuenta en Facebook y me conecté con gente de mi mundo físico. Puede que ahora nos parezca algo menor, pero entonces era algo grande.

Con el tiempo me pasé a Twitter, Instagram y LinkedIn, entre otras redes, ya que necesitaba estar en todas ellas. A medida que me he hecho mayor y he empezado a trabajar en marketing digital, me he dado cuenta de la importancia que han adquirido las redes sociales en todo lo que hacemos como sociedad y de lo diferente que ha evolucionado la vida como consecuencia de ello. A través de los medios sociales, las marcas están formando estas mismas conexiones personales con sus clientes. Como marca, tienes más oportunidades que nunca de comunicar noticias y conocimientos interesantes sobre tu empresa, de crear una comunidad online de personas apasionadas por tu marca y de interactuar con los clientes a un nivel más humano y personal que nunca. Sin embargo, si no sabes por dónde empezar, crear seguidores y conectar con tu audiencia puede ser un reto para las marcas. Este artículo te enseñará los fundamentos para aumentar el número de seguidores en Facebook y las herramientas y métodos que las marcas están empleando para tener éxito en las redes sociales hoy en día.

- Rellena completamente tus perfiles (sí, los tuyos también)

Ahora que has decidido dónde crear tus perfiles, es el momento de ponerte manos a la obra.

Ser preciso y estar al día.

Casi todas las redes sociales tienen un área de resumen, una imagen de perfil y una foto de portada en las que puedes introducir y presentar información sobre tu empresa; asegúrate de que esta información es precisa y está actualizada en todas las plataformas. No hay nada más desconcertante que tener una dirección de sitio web y otra en tu página de Facebook. Establecer este conocimiento general da credibilidad y permite a las personas responder rápidamente si así lo desean.

La creación de perfiles no debería limitarse a las páginas de empresa.

Cada uno de sus empleados debería tener un perfil completo, dependiendo de la plataforma, para que puedan ofrecer noticias corporativas, conocimientos del sector, etc. Piensa en el mayor alcance que podrías conseguir implementando una campaña de promoción de los empleados. Todos sus seguidores y conexiones estarán expuestos a su contenido ya que cada empleado actúa como embajador de la marca de su empresa, compartiendo contenido en todos sus canales. Al crear estos perfiles, tenga en cuenta que ni su empresa ni sus perfiles están nunca totalmente completos. Deberá retocar y ajustar continuamente las cosas para mejorar la experiencia del usuario y hacer que su organización se vea bien.

- **Mantenga la coherencia de su marca.**

Cuando digo coherente, quiero decir que el tono general de tu presencia en las redes sociales debe reflejar tu personalidad, tus valores y tu voz. Tu biografía escrita debe estar en sintonía con tu foto de perfil, que debe estar en sintonía con tu foto de portada, que debe estar en sintonía con tu contenido. Y aún más, si utiliza numerosas redes sociales, asegúrese de que cada cuenta transmite la misma historia y tiene el mismo tono. Los consumidores quieren conectar con su empresa de forma personal, y enviar mensajes contradictorios y conflictivos sólo les confundirá y hará que estén menos dispuestos a quedarse. Al final, sea cual sea el tono de su empresa, manténgalo. La creación de seguidores en las redes sociales depende en gran medida de la transparencia y la confianza, que pueden encontrarse en tu perfil y en el contenido que publicas.

- **Distribuir contenidos fantásticos.**

La creación de material que sus seguidores quieran ver y con el que quieran comprometerse es una de las formas más "obvias" de conseguir seguidores, pero no hay que subestimarla. Compartir contenido de alta calidad con tu audiencia te ayudará a establecer tu negocio -y tu marca- como líder de opinión en tu campo. Sabiendo lo que es el material fantástico, puede ser una lucha a la hora de compartirlo.

¿De qué debe hablar?

Su material es lo más obvio para compartir. Por otro lado, muchas empresas desarrollan exclusivamente la distribución de su material, lo que podría ser contraproducente a largo plazo.

No seas snob con los contenidos.

No lo estás haciendo bien si te limitas a compartir tus contenidos. El 70% de las veces, el contenido que compartes debe aportar valor y mejorar tu marca; el 20% de las veces, deben ser artículos e ideas de otras personas; y el 10% de las veces, deben hacer publicidad de ti mismo o de tu negocio. En Facebook, sólo el 10% de tu material debe ser autopromocional. ¿Por qué? Porque esto te permite ganarte la confianza de tus seguidores y ofrecerles contenido e información de valor. ¿Te quedarías con una empresa que sólo te envía ofertas promocionales? Lo más probable es que no. Aparte de eso, aquí tienes algunas sugerencias sobre qué publicar.

Haga su material más visual.

Para que tus publicaciones sean más atractivas, utiliza contenidos visuales como fotografías, gifs y vídeos. Ten en cuenta la expresión "mostrar vs. contar". La gente quiere ver algo más que un simple texto, y se necesita algo visualmente atractivo para captar su atención. Los usuarios de Facebook muestran un alto nivel de interacción con los contenidos visuales, tanto de imagen como de vídeo:

Considere la posibilidad de salir a la luz.

Utilice el vídeo en directo para conectar con su público en tiempo real. Según los estudios, los consumidores pasan tres veces más tiempo viendo vídeos en directo que los pregrabados. Aprovecha esta nueva tendencia y comunícate directamente con tu audiencia. Sobre todo, no pierdas de vista la plataforma y cómo interactúa tu audiencia con ella. Tenga en cuenta los puntos fuertes de cada plataforma y los comportamientos esperados. Si tienes material en tiempo real, un medio como Facebook será más beneficioso que Instagram. Por otra parte, si el mismo material se comparte en muchas plataformas, prepárate para cambiar en consecuencia. Si un estado de LinkedIn de formato largo recibe mucha atención, pero la misma publicación en Facebook no lo hace, tus seguidores te están diciendo que no están interesados en ese tipo de contenido en Facebook, y necesitas hacer un cambio.

- **¿Cuándo está bien compartir contenidos?**

Cuando se trata de saber cuándo publicar en Facebook, todo depende de tu audiencia. Sin embargo, hay algunas pautas que puedes seguir cuando empieces. Crea un calendario de compartición en Facebook para descubrir cuándo tus publicaciones reciben más atención. Para llegar a tu público objetivo, puedes trabajar para elegir el día, la hora y el tipo de contenido perfecto para compartir. Cuanto más interactúen con tus publicaciones, más probable será que vean tu contenido en otros feeds de noticias.

- **Establecer conexiones con líderes de opinión y personas influyentes del sector.**

Como ya he comentado brevemente, conectar con personas influyentes del sector será una forma estupenda de desarrollar su estrategia en las redes sociales y de aumentar el número de seguidores en las mismas. Se trata de empresas o personas que son líderes de opinión en su sector, y sus clientes y público objetivo los siguen.

Aproveche este recurso. Comparta con su público los artículos de profesionales del sector que lea o vea. Es probable que su público también los siga o se conecte con ellos. ¿Asiste regularmente a eventos o conferencias anuales? Busca a los ponentes y ponte en contacto con ellos. Inicie charlas virtuales con ellos sobre el evento o el mensaje que desea aprender de ellos. Si el ponente interactúa contigo (que debería hacerlo), es posible que te mencione en un post compartido con sus seguidores. Otra posibilidad es etiquetar a tu influenciador favorito en una publicación e invitar a tus seguidores a compartir sus líderes de opinión favoritos. Esto te permitirá relacionarte con tu audiencia y dialogar con ella. El año pasado, Mari Smith, una destacada influenciadora de marketing en Facebook, habló en IMPACT Live 2019 y quedó extasiada al compartir su experiencia con su audiencia. Ella es un excelente ejemplo de una influenciadora de medios sociales que quiere interactuar y comprometerse con su audiencia.

- **Utilizar hashtags.**

Tienes un material excelente y conectas con tu audiencia, pero ¿cómo puedes hacer que tus posts sean más descubiertos por nuevas personas?

Utilizar hashtags relevantes!

Para refrescar la memoria, un hashtag (#) o símbolo de libra (*cough* Natalie Davis *cough*) se utiliza en las plataformas de medios sociales para dirigir a los usuarios a un material específico. Puedes hacer que tu página de Facebook sea más visible en los resultados de búsqueda utilizando hashtags. Los usuarios pueden seguir directamente estos hashtags, o se pueden encontrar publicaciones relacionadas buscándolas. Los hashtags aparecieron por primera vez en Twitter, pero posteriormente se han extendido a todos los demás sitios.

No estoy seguro de qué hashtags utilizar.

La clave para utilizar los hashtags de forma eficiente es averiguar cuáles son los más relevantes y populares entre tu público objetivo. Trabaja para una empresa de construcción de casas, por ejemplo. Podrías considerar utilizar el hashtag "#homeremodeling" porque está vinculado a lo que busca tu audiencia y es probable que sea coherente con el tipo de contenido que ofreces y ofrecerás. Es vital recordar que tus hashtags deben y pueden cambiar dependiendo del material que estés compartiendo. Aunque emplees hashtags que se repitan en tu material, mezclarlos te ayudará a llegar a audiencias más grandes que siguen interesadas en tu nicho.

En mis publicaciones, ¿dónde pongo los hashtags?

¿Cuál es la respuesta corta? Es una situación difícil. No hay un enfoque único para emplear los hashtags, y puede variar en función de la plataforma que se utilice. Identificar el hashtag más deseado y utilizarlo inmediatamente en tu publicación es una regla sabia. Considera la posibilidad de poner los hashtags relacionados o secundarios al final de la publicación, en un comentario o hilo, para que no desvirtúen tu contenido pero sigan siendo buenos en los resultados de búsqueda.

- **Beneficios de los contenidos patrocinados y los anuncios de pago.**

Ahora que ya tienes tu plataforma de redes sociales en marcha, es hora de dar un paso más. Las visitas orgánicas tienen un límite, y obtenerlas es cada vez más difícil. ¿Por qué? Porque las plataformas son astutas, quieren que pagues por jugar para adquirir afluencia en los medios sociales. Por otro lado, utilizar las redes sociales para anunciarse es uno de los métodos más rentables para llegar a un público nuevo y específico a un bajo coste.

Publicidad en Facebook.

Como ya has aprendido, conseguir que la gente se fije en tu gran contenido es fundamental para aumentar el número de seguidores en las redes sociales. Sin embargo, con las recientes modificaciones del algoritmo de Facebook, la información compartida por amigos y familiares tiene ahora prioridad sobre las páginas de la marca. Oh, no... ¿Cómo voy a conseguir más seguidores en Facebook si la gente no ve mi contenido? Aquí es cuando las campañas de marketing en Facebook son útiles. Debido al gran número de personas que utilizan Facebook y a las sofisticadas capacidades de segmentación que tienes a tu disposición, la publicidad en Facebook puede ser muy ventajosa para tu negocio. Supongamos que intentas atraerlos para que les guste tu página o quieres compartir con ellos una información concreta. En ese caso, tienes una oportunidad decente de hacerlo utilizando la capacidad de Facebook de dirigirse a características exactas más allá del género y la región, como los acontecimientos de la vida, los comportamientos de compra y las aficiones. Sin embargo, hay un método correcto y otro incorrecto para utilizar la publicidad en Facebook para generar resultados. Impulsar tus publicaciones simplemente aumentará el número de personas que las ven.

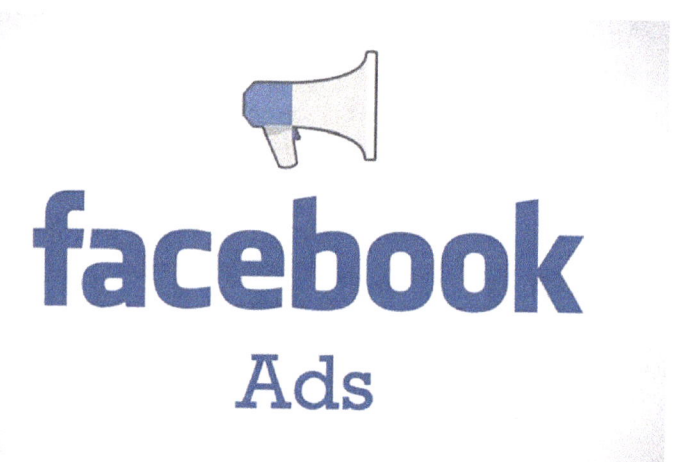

Sin embargo, supongamos que quiere hacer crecer su audiencia y aumentar la interacción. En ese caso, tendrás que emprender una publicidad mucho más detallada y específica para asegurarte de que el material correcto llega a las personas adecuadas. Ali Parmelee, estratega de medios pagados de IMPACT y experto en Facebook, explicó por qué los anuncios de Facebook son valiosos en una conversación. Para utilizar la publicidad de Facebook para aumentar tu audiencia, debes hacer algo más que activarla.

Sin embargo, la publicidad en Facebook tiene un gran potencial.

- **Establezca contacto visual con su público.**

Es fácil dejarse llevar por el número de "me gusta" y de seguidores en Facebook. Sin embargo, una vez que hayas conseguido tus seguidores, tendrás que comunicarte con ellos regularmente para mantener su interés. Reacciona a las publicaciones en las que te han mencionado, responde a las preguntas que te hagan y contesta a los comentarios sobre tu material. Si tienes una pregunta sobre la que no estás seguro, etiqueta a esos líderes de opinión y profesionales del sector para obtener su opinión. La naturaleza de las redes sociales es ser sociable.

En Facebook, la gente disfruta interactuando con las marcas. Cuanto más lo hagas, más probable será que la gente te siga o te espere. Algunas empresas incluso se han hecho famosas por su capacidad para relacionarse con sus fans y clientes.

Creemos juntos un imperio de las redes sociales!

Seguramente estás muy entusiasmado por establecer tu imperio de las redes sociales ahora que tienes la tecnología y los conocimientos técnicos.

Capítulo no.5

Influenciador de éxito en Facebook.

El marketing de influencers es efectivo. Por eso parece que hoy en día todo el mundo aspira a ser un influencer en las redes sociales. Este marketing es cada vez más popular como un enfoque legítimo y exitoso para la publicidad y para mantener a su audiencia comprometida en la generación de ingresos. Más de 3.700 millones de personas utilizan las redes sociales hoy en día, y el sector del marketing de influencers está valorado en 5.000 millones de dólares!

Number of social network users worldwide from 2017 to 2025
(in billions)

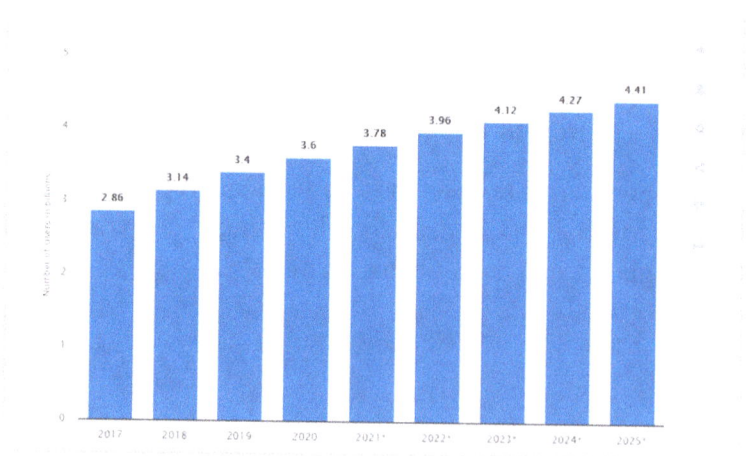

Hay que tener en cuenta que cualquiera puede convertirse en un influencer de las redes sociales (con el enfoque adecuado), pero hará falta tiempo y dedicación para conseguirlo. Por algo está catalogado como uno de los trabajos online más OK para estudiantes universitarios, pero ten en cuenta que no es fácil. Sigue los pasos para descubrir cómo convertirte en un influencer de éxito en Facebook.

Cómo convertirse en un influencer de Facebook en 9 sencillos pasos.

Convertirse en un influencer de Facebook requiere paciencia e impulso, y se necesitará al menos un año de esfuerzo extenuante antes de que veas algún beneficio genuino. Pasemos ahora a las nueve etapas para convertirse en un influencer de Facebook.

1. Elige un nicho.

Elegir una especialidad es el primer paso para iniciar un negocio en línea. Para crear una audiencia de personas comprometidas que se interesen por tu mensaje, debes completar este paso. Todos los influencers de marketing que ves en Facebook tienen un área de especialización concreta. Sin un nicho concreto, por muchas otras ventajas que tengas, tendrás que luchar con todos los demás por la atención de tu audiencia. Además, estarás hablando y haciendo marketing para todo el mundo, lo que hará que no llegues a nadie. A la hora de decidir un nicho, tenga en cuenta las siguientes cuestiones:

- ¿Cuáles son tus pasiones?
- ¿En qué destacas?
- ¿Cuáles son tus intereses y pasiones?
- ¿Cuáles son tus aficiones e intereses?
- ¿Tienes algún hábito extraño?
- ¿Qué le gusta hacer?

Por ejemplo, si siempre te ha gustado el fitness y hacer ejercicio, tiene sentido que te conviertas en un influencer de las redes sociales que anime y motive a la gente a alcanzar sus objetivos de fitness.

Cualquiera de estos elementos puede convertirse en una baza importante para ayudarle a atraer de forma natural a un grupo de personas que compartan sus intereses. Asegúrate de que tu elección coincide con tu personalidad, porque sólo así la gente se relacionará contigo y confiará en ti. La gente puede percibir cuando no crees en lo que haces y, si no lo haces, lo notarán y perderás a tu público. Sin embargo, cuando la gente ve tu genuino entusiasmo por el trabajo que haces, es mucho más fácil atraer a la audiencia y mantenerla interesada. Asegúrate de que tu tema es algo que te gusta, independientemente del nicho que elijas. Es fundamental para tu éxito a largo plazo porque te motivará a seguir intentándolo cuando las cosas se pongan difíciles, aunque sólo sea porque aprecias lo que haces.

2. Seleccione su plataforma principal.

Hay muchos canales que puedes utilizar como influenciador en las redes sociales, entre ellos:

- YouTube
- Instagram

- Twitter
- Tik-Tok, y más.

Sería conveniente que establecieras tu presencia en los perfiles que hayas elegido antes de comenzar tu campaña para convertirte en influencer de Facebook. Puedes utilizar varias plataformas de redes sociales, pero debes elegir una plataforma central a la que dedicarás la mayor parte de tu material. Puedes seguir siendo activo y participando en otras plataformas de redes sociales, pero tu atención se centrará en esta página de Facebook. A la hora de elegir las redes sociales ideales para ti, hay que tener en cuenta numerosos aspectos. Para empezar, averigua qué plataformas de redes sociales utilizan más otras personas de tu sector. Tu nicho también determinará tu canal principal. Facebook puede ser la mejor opción para algunos influenciadores de la moda, mientras que YouTube o Twitch pueden ser la mejor opción para los influenciadores de videojuegos. Del mismo modo, Pinterest, Snapchat, Twitter y todas las demás redes sociales principales pueden ser más adecuadas para diferentes influenciadores en función de criterios específicos.

- La audiencia a la que quiere llegar
- Los canales críticos utilizados por otros influenciadores en su área
- El tipo de contenido que vas a crear
- Tu nivel de soltura frente a la cámara
- Tu capacidad para redactar contenidos escritos interesantes.

En general, la mayoría de los influencers deberían empezar por Facebook porque lleva mucho tiempo ahí, puede ser lucrativo y tiene una presencia online bien establecida.

3. Defina su mercado objetivo.

Además de seleccionar la especialidad correcta, tu éxito como influencer en las redes sociales se basa en encontrar la audiencia o comunidad adecuada que te apoye. Tu marca no tendrá sentido en las redes sociales si no tienes seguidores, fans o suscriptores. Así que, antes de empezar a publicar en Facebook, tienes que averiguar quién es tu público objetivo. Debes concentrarte en las personas y comunidades que proporcionarán la gasolina para el éxito de tu marca en Facebook. Es probable que descubras a tu público en Facebook si eres un influencer de estilo de vida. Estas son las etapas para definir tu público objetivo:

1. Datos demográficos.

Para determinar el público ideal, haga preguntas como:

- ¿Cuál es la edad y el sexo de mi público objetivo?
- ¿Tienen casa?
- ¿Saben utilizar Internet?

2. Desafíos.

Haga y responda a las siguientes preguntas para conocer mejor los retos de su público objetivo:

- ¿Conocen su producto o marca?
- Si es así, ¿por qué no utilizan su producto?
- O, por el contrario, ¿por qué no lo usan tanto como a usted le gustaría?

Considere todos los obstáculos que pueden haber llevado a este punto.

3. Motivadores.

Responda a las siguientes preguntas sobre los motivadores de su público objetivo:

- ¿De qué manera las personas a las que quiere llegar pueden ser atraídas por su marca o producto?
- ¿Qué tiene su producto que les atrae?

4. Puntos de dolor.

¿Hay algo en tu producto o marca que pueda irritar a las personas a las que intentas llegar? Anote todas las posibles causas de su malestar.

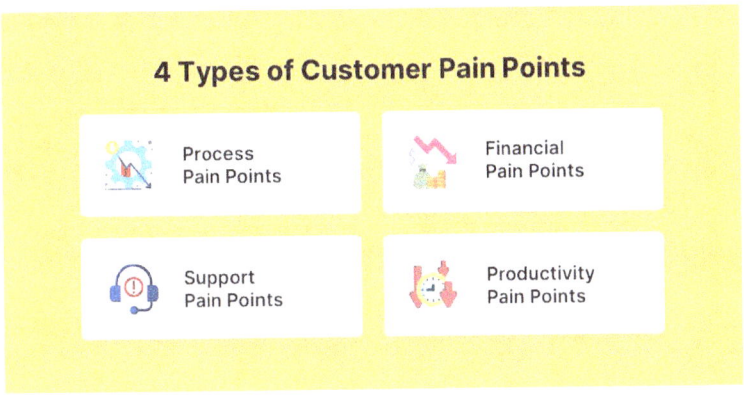

5. WIIFM (What's In It for me?).

Esta pregunta se refiere a las razones por las que sus clientes deberían utilizar (o seguir utilizando) sus productos o servicios. Debes ser capaz de comunicar claramente los beneficios que recibirán. Si tienes en cuenta todas las características anteriores, te centrarás en tu público objetivo en Facebook, donde ya son activos.

4. Desarrollar un calendario de contenidos.

Como influenciador de Facebook, debes proporcionar regularmente un gran contenido que tu audiencia (así como los motores de búsqueda y los algoritmos de las redes sociales) apreciará. La gente admira a los influenciadores sociales que son dedicados y consistentes. Debes presentar un mensaje consistente cada día y crear material significativo y relevante para tu público objetivo. Una vez que hayas determinado el tipo de material que necesitarás, tendrás que construir un calendario de contenidos para mantenerte en el camino. Parte del trabajo para crear un calendario de contenidos ya se habrá realizado en la fase anterior. Las preguntas anteriores no sólo le ayudarán a identificar su grupo demográfico objetivo y los lugares donde es más probable que se reúnan en las redes sociales, sino que también le ayudarán a elegir el mejor tipo de material para utilizar en su campaña de marketing de influencers. A continuación te ofrecemos algunos consejos para ayudarte a planificar tu estrategia de marketing de influencers en Facebook, incluida la creación de un calendario de contenidos:

- Cree y distribuya contenido de alta calidad que esté repleto de valor.
- Planifica tu plan de marketing de contenidos en redes sociales identificando tus objetivos y el tipo de material que mejor te ayudará a alcanzarlos. Establece un calendario de publicación en la plataforma de Facebook.
- Elige los periodos en los que es más probable que obtengas la mayor participación de tu audiencia al enviar tu material.
- Para construir tu calendario, selecciona las herramientas de gestión de Facebook adecuadas.

- También puedes hacer tu propio calendario en Excel.
- Llena tu calendario con una amplia gama de formatos de contenido, temas y tipos de post. Incluye información sobre los sitios donde se publicará el contenido, así como las horas y las fechas.
- Por último, tiene la opción de programar sus publicaciones. Esto difiere de la construcción de un calendario de contenidos. Implica el uso de tecnologías automatizadas como Buffer para establecer una cola para que tu material se suba a Facebook en momentos predeterminados.

5. Generar tráfico de forma estratégica.

Cuanto más tráfico de Facebook produzcas, más influyente serás. Otras personas te seguirán a medida que tu número de seguidores crezca, y podrás utilizar el poder de la prueba social para llegar a un público aún mayor de admiradores y seguidores. Sin embargo, necesitarás encontrar estrategias para atraer tráfico de forma intencionada, al principio para que la pelota empiece a rodar. He aquí algunos métodos sencillos pero eficaces para aumentar el tráfico de Facebook:

- Facilite a su público la tarea de compartir su material con sus redes.
- Para maximizar su visibilidad, etiquete a otros y utilice los hashtags adecuados.
- Publica tu material cuando tu público objetivo esté más activo.
- Interactúa con tu audiencia de forma regular y ofrece mucho valor.

- Invierte en publicidad en Facebook para llegar a un público más amplio.
- Haz llamadas a la acción que sean innovadoras y persuasivas.
- Para aumentar su autoridad y reputación, establezca una red de contactos con otros líderes del sector.
- Establece relaciones positivas con los medios de comunicación para aumentar su exposición y promoción.
- En los correos electrónicos, menciona las cuentas de Facebook en los boletines, los mensajes de bienvenida, las plantillas de divulgación, etc.
- Para que tu material destaque y maximice la participación y las acciones, incluye muchos elementos visuales llamativos, como fotografías, vídeos e infografías.
- Piensa en nuevas formas de interactuar con tus marcas, como la presentación de seminarios web, podcasts de audio, entrevistas en vídeo, etc.

6. Colaborar con otras personas influyentes.

Colaborar con otras personas influyentes del sector te permite conseguir fans de sus seguidores. Trabajar con personas influyentes de Facebook puede ayudar a exponer tu material a una gran audiencia nueva y atraer aún más tráfico a tus páginas, ya que su alcance suele ser millonario. Puedes trabajar con personas influyentes en tu campo de varias maneras. Una opción es pagarles para que promocionen tus contenidos o productos. Sin embargo, cuando estás empezando, esto puede ser difícil. La mejor y más exitosa estrategia para aumentar el número de seguidores puede ser la de interactuar de forma orgánica con tu audiencia. Para ello, simplemente pídeles que compartan tu post cada vez que publiques algo que valga la pena compartir. Puedes utilizar este método para aumentar tus posibilidades de éxito presentando a personas influyentes en tu contenido cubriendo sus historias, realizando entrevistas o generando artículos de resumen de expertos. Luego, cuando compartas la publicación, etiquétalos, y será más probable que los influenciadores la compartan con sus redes.

7. Atraiga a su público

Esto es importante porque si no te relacionas con tu audiencia de Facebook con regularidad, perderán el interés en tu empresa y en tu marca. Tu contenido es crucial para tu plan de marketing de influencers, pero no importará lo increíble o inteligente que sea si nadie se compromete con él.

Facebook y otras redes sociales quieren ver a la gente interactuar con su contenido. Esto les envía una fuerte señal de que estás compartiendo artículos que tu audiencia quiere ver, lo que proporciona la prueba social esencial para tu contenido y las acciones de las redes sociales (como la promoción y la publicidad). Como resultado, el algoritmo de cada sitio de medios sociales mostrará tu material a más personas interesadas en el mismo tema. Es como un efecto bola de nieve: cuantas más personas vean tu material, más personas verán tu contenido, lo que te ayudará a generar aún más interacción, y así sucesivamente. Las marcas que buscan influenciadores para que les ayuden con sus esfuerzos de marketing de influenciadores sociales también quieren que la gente anime a sus seguidores a comprar algo (o a seguir a la empresa) en lugar de limitarse a ver el contenido promocionado. En este tipo de efecto, tu audiencia debe creer que te conoce personalmente como influencer. Debes expresarles tu gratitud y agradecer a tus seguidores su apoyo en todo momento.

8. Facilite que las empresas se pongan en contacto con usted

Otra estrategia útil para crecer como influenciador en Facebook es facilitar a los vendedores que te identifiquen y se pongan en contacto contigo. Se puede ganar dinero en todos los negocios y en todos los canales de las redes sociales, pero sólo si las marcas pueden descubrirte. Las marcas encuentran a los influencers en Facebook de diversas maneras. Por otra parte, los usuarios pueden utilizar la plataforma para buscar hashtags relevantes y determinar qué cuentas tienen las mayores tasas de interacción. Asegurarte de que tu información de contacto es clara y destacada facilitará que los profesionales del marketing se pongan en contacto contigo. Escribe una biografía cautivadora que informe a las marcas de que eres un influencer que está abierto a trabajar con ellos. Si los clientes potenciales tienen que buscar la forma de ponerse en contacto contigo, es más probable que desistan y busquen a otro influencer.

9. Superar las asociaciones con las marcas.

Cuando trabajes con marcas, ve más allá para atraer futuras reservas de esa marca. Las marcas prefieren trabajar con influencers de Facebook que aportan mucho valor, y cada vez que vas más allá con tus asociaciones de marca, aumentas las posibilidades de que quieran volver a trabajar contigo. Esta es una gran estrategia que utiliza la tremenda ley de la reciprocidad en tu beneficio. Cuando añades valor a una marca, ésta se siente obligada a corresponder haciendo algo por ti. Cuando se trata de su público, esta estrategia también funciona bien. Aunque es posible que te encuentres con escépticos que crean que te limitas a proporcionar un material excelente a cambio de algo, si eres coherente y sincero en tus objetivos, tu público acabará confiando y apreciando que realmente piensas en ellos. Si les pides algo (como su dirección de correo electrónico), se sentirán obligados a proporcionártela.

Lleva tiempo y trabajo convertirse en un influencer de Facebook. Si sigues los pasos sugeridos en este capítulo, estarás en el buen camino para establecer una enorme audiencia de fans y seguidores interesados de por vida:

1. Elija un nicho.
2. Seleccione su plataforma principal.
3. Defina su mercado objetivo.
4. Haga un calendario de contenidos.
5. Colabora con otros influencers para crear tráfico de forma estratégica
6. Incorpora a tu audiencia a la conversación.

7. Haz que sea sencillo para las marcas ponerse en contacto contigo.
8. Cuando se trata de relaciones con las marcas, vaya más allá.

Cómo utilizar la analítica de Facebook para evaluar el éxito de tu enfoque.

No se trata de una situación de "todo listo": el éxito del marketing en Facebook requiere un mantenimiento continuo. Es fundamental hacer un seguimiento y medir lo que ha funcionado y lo que no para saber qué ha funcionado y qué no. De este modo, puedes mejorar constantemente tu plan aprendiendo, ajustando e intentando de nuevo. Facebook Insights, que mide datos como..., puede utilizarse para hacer un seguimiento de la interacción de la audiencia directamente, el alcance (el número de personas que vieron tus publicaciones) y el compromiso (cuántas personas les gustó, hicieron clic, compartieron o comentaron tu contenido). ¿Cuál de tus publicaciones hace que a la gente no le guste tu página? Además, Facebook Insights puede ayudarte a determinar qué tipo de publicaciones son más beneficiosas para tu página, para que puedas ver si tu combinación actual de contenidos te está funcionando bien. Consulta nuestra introducción para principiantes a Facebook Analytics para obtener más información. Las tecnologías externas como Google Analytics, Hootsuite Impact, los parámetros UTM y Hootsuite Insights miden las acciones fuera de Facebook, como las compras u otras conversiones de sitios web.

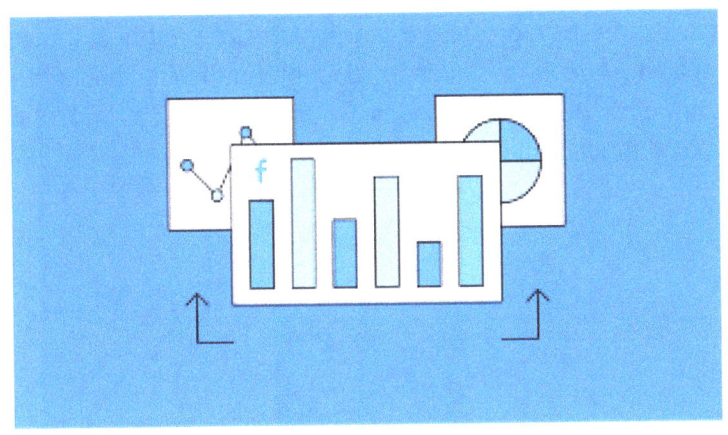

Todo esto para decir que no te sientas intimidado. Hemos elaborado una guía paso a paso para ayudarte a hacer un seguimiento del retorno de la inversión de tus esfuerzos de marketing en Facebook. No sólo debes celebrar y conmemorar tus éxitos, sino también hacer un seguimiento de tu progreso a lo largo del tiempo. Además de hacer un seguimiento de lo que no funciona, es esencial estar atento a los cambios. Los datos le revelarán qué debe seguir haciendo y qué estrategias debe cambiar. Con el tiempo, puedes mejorar tu rendimiento definiendo objetivos, midiendo resultados y cambiando tu plan en un ciclo continuo.

Whew!

Entendemos que hay mucho que aprender sobre el marketing en Facebook. Sin embargo, la buena noticia es que puedes empezar sin gastar dinero. Así que ponte manos a la obra y aprende haciendo. Cuando estés preparado, tendrás acceso a técnicas y campañas más avanzadas, así como a una gran cantidad de recursos y tutoriales que te ayudarán en el camino. Hootsuite puede ayudarte a gestionar tu presencia en Facebook, así como tus otros canales de redes sociales. Puedes planificar publicaciones, compartir vídeos, interactuar con el público y hacer un seguimiento de los resultados de tus esfuerzos, todo ello desde un único panel.

Capítulo no.6

Utiliza el marketing de influencers de Facebook a tu favor.

En enero, Facebook reveló que su nueva actualización del algoritmo restaría importancia a las publicaciones de las páginas de empresa en las noticias de los usuarios. En el momento del anuncio, muchos profesionales del marketing en redes sociales temían que el alcance orgánico de las empresas, que los anteriores ajustes del algoritmo ya habían obstaculizado, se convirtiera en algo del pasado en Facebook.

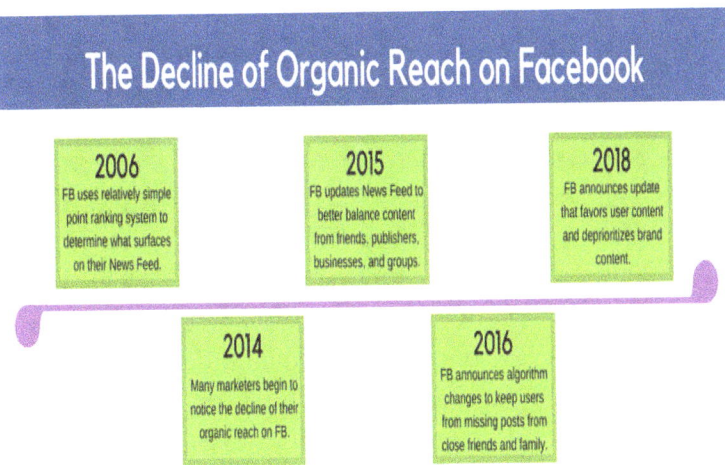

El último ajuste del algoritmo del News Feed indica un futuro en el que Facebook es visto como una plataforma publicitaria de pago para empresas de todos los tamaños. Mientras que las opciones "gratuitas" de marketing en Facebook están bien clavadas en sus tumbas, los profesionales del marketing se están volviendo creativos y buscan métodos más genuinos para conectar con sus audiencias en las redes sociales. El marketing de influencers, que implica la colaboración con usuarios influyentes de las redes sociales, está demostrando ser una táctica prometedora. Para ayudar al marketing de influencers, Facebook ya ha lanzado una serie de herramientas:

- Desde 2016, los influencers han podido designar adecuadamente las publicaciones que han hecho en colaboración con una empresa utilizando etiquetas de contenido de marca. Así, tanto los influencers como las marcas cumplen con los requisitos de contenido patrocinado de la FTC.
- Los grupos de Facebook para páginas permiten a las empresas crear grupos conectados a su página de Facebook. Estos grupos permiten a los vendedores relacionarse con su público de forma natural (por ejemplo, Instant Pot utiliza su grupo como espacio para compartir recetas).
- Una nueva función de impulso permite a los vendedores pagar para aumentar el alcance de una publicación hecha para ellos por un influenciador. Las marcas pueden dirigirse a un público específico y la publicación parecerá provenir del influenciador y no de la empresa. Antes de potenciar una publicación de un influencer, los anunciantes tenían que compartirla a través de la cuenta de la marca.

Cómo funciona el marketing de influencers en Facebook?

El marketing de influencers en Facebook funciona con los mismos principios que el marketing de influencers en cualquier otra plataforma online. Comienza con la identificación por parte de la marca de un usuario de Facebook con un número de seguidores medio o alto (y con un alto nivel de compromiso) similar al grupo demográfico objetivo de la marca. La marca se pone en contacto con el usuario influyente de Facebook para ver si quiere promocionar los artículos de la marca en su página. Los influencers esperan ser compensados, por lo que las empresas que se inician en el marketing de influencers deben tenerlo en cuenta. Mientras que algunos microinfluenciadores proporcionan contenido patrocinado a cambio de productos complementarios, la mayoría de los influenciadores cobrarán una tarifa. Después de discutir la relación, las marcas y los influencers pueden negociar la compensación.

Una vez que la marca y el influencer hayan llegado a un acuerdo, el influencer creará una cierta cantidad de publicaciones en Facebook sobre el producto de la marca. Es posible que publique un vídeo del producto mientras lo saca de la caja o una foto de sí mismo usándolo. Como el contenido procede de un influencer y no de una marca, tiene más posibilidades de ser visto por personas interesadas en el producto. Y el público objetivo está más inclinado a creer en la recomendación de un producto por parte de un influencer que en las propias palabras de la marca. El 85% de los consumidores dicen que confían en las evaluaciones de Internet tanto como en las recomendaciones personales. ¿No te parece atractivo el marketing de influencers en Facebook? A continuación te explicamos cómo empezar con tus campañas de marketing de influencers en Facebook.

Cómo encontrar influenciadores en Facebook.

Para localizar a personas influyentes en Facebook, tienes dos opciones: buscar manualmente en tu base de fans de Facebook o utilizar herramientas que busquen en toda la red por ti. Si eliges el método de búsqueda manual, tendrás que encontrar un grupo de usuarios de Facebook que ya hayan expresado su interés por tu marca, posiblemente compartiendo o comentando tus publicaciones. Tendrás que investigar tú mismo a estos posibles influenciadores después de identificarlos mirando sus perfiles en las redes sociales. ¿Su número de seguidores es lo suficientemente grande como para que una posible colaboración merezca la pena? ¿Se presentan en las redes sociales de forma coherente con tu marca? Si la respuesta es afirmativa, puedes ponerte en contacto con ellos personalmente para ver si quieren colaborar con tu empresa.

Identificar manualmente a las personas influyentes lleva mucho tiempo y puede no ser adecuado para las empresas que aún no tienen una audiencia influyente y comprometida en Facebook. Utiliza como alternativa las herramientas de identificación de influenciadores, que son esencialmente bases de datos de búsqueda de blogueros y personas influyentes en las redes sociales. Hay muchas de estas herramientas, cuyo precio oscila entre lo gratuito y los miles de dólares al mes. La mayoría de ellas ofrecen una prueba gratuita, para que puedas ver cómo funcionan antes de comprometerte.

Definir los objetivos de su campaña.

Debes pensar en los objetivos de tu campaña de marketing de influencers cuando empieces a buscar y a contactar con usuarios poderosos en Facebook. Sé lo más preciso posible. En lugar de limitarte a establecer un objetivo de "aumentar la exposición de la marca", puedes aspirar a "obtener al menos 15.000 impresiones" en la publicación de un influencer. También puedes crear objetivos para:

- Participación en las redes sociales (por ejemplo, likes, shares o comentarios)
- Tráfico del sitio web (por ejemplo, ¿cuántas personas fueron atraídas a su sitio debido a la publicación de un influenciador?)
- Conversiones (por ejemplo, ¿cuántas compras o inscripciones generó la campaña?)
- Los ingresos de la campaña

Para adaptar una campaña a sus objetivos, tendrá que colaborar con sus influenciadores. El tipo de material que crea un influencer debe estar directamente relacionado con sus objetivos. Si quieres llevar a los visitantes a una página de marketing específica de tu sitio web, por ejemplo, el influencer debe incluir un enlace a esa página en su publicación.

Ideas para el marketing de influencers en Facebook.

Los influencers tienen mucha libertad en cuanto al tipo de publicaciones que pueden hacer en Facebook. Considera los siguientes conceptos de marketing de influencers.

Vídeos.

El vídeo constituye más de un tercio de toda la actividad en línea, y el 45% de los usuarios de Internet pasan más de una hora viendo vídeos de Facebook o YouTube cada semana. Con el aumento del consumo de vídeo, tiene sentido que los influencers empleen vídeos nativos de Facebook para despertar el interés de sus seguidores y conseguir engagement.

Facebook en directo:

Facebook Live es una transmisión en vivo en Facebook. Facebook Live es todavía un formato relativamente nuevo, pero permite a las empresas y a las personas influyentes generar contenido de vídeo que parece verdadero y en el momento. Un influenciador puede transmitirse a sí mismo probando los productos de tu marca o asistir a un evento en vivo patrocinado por tu empresa a través de Facebook Live.

Concursos:

Ofrecer premios por participar en concursos es un método excelente para aumentar el número de seguidores en las redes sociales y atraer más tráfico a su sitio web. Un influencer puede compartir fotografías de un producto que está regalando, junto con un enlace a la página del concurso de su sitio web.

Promociones cruzadas:

La mayoría de las personas influyentes en las redes sociales son activas en muchas plataformas y les gustaría llevar a cabo una campaña en varias plataformas. Un influencer puede, por ejemplo, crear una entrada de blog sobre un producto o utilizar un ingrediente de una marca de alimentos en una receta en su sitio web, y luego compartir el enlace en Facebook y otros canales de medios sociales. Utilizando tantos canales como sea posible, puede llegar a un público objetivo.

Capítulo no.7

Ideas para el marketing de influencers en Facebook.

Entiendes lo importante que es establecer una estrategia de marketing de influencers en Facebook. También sabes cómo descubrir influencers con los que colaborar. Veamos algunas de las estrategias más eficaces para establecer una campaña de marketing de influencers en Facebook.

1. Promoción de concursos de regalos

A la hora de buscar influencers para regalar, Facebook es un lugar excelente para empezar. Es posible que el objetivo de tu estrategia de marketing de influencers en Facebook sea aumentar el conocimiento de la marca y la participación. En este ejemplo, podrías crear un concurso que el influencer podría realizar en su blog o alojarlo en tu sitio web. A continuación, los influencers compartirán un enlace a la página del concurso en Facebook para promocionarlo. Los concursos de regalos son un método excelente para atraer a un nuevo público, ya que tienen algo que ofrecer. Estarán encantados de interactuar con tu marca si existe la posibilidad de obtener algo valioso.

Para su campaña Unstoppable Women, Ziera Footwear ha combinado esta estrategia con el marketing con causa. La marca llevó a cabo una campaña de regalos con influyentes de la moda como Katherine Saab, de Stylendipity. El concurso se organizó en el blog de la bloguera, que luego lo promocionó en su página de Facebook. También puedes utilizar Viper para organizar tu sorteo. Para tener la oportunidad de ganar premios, la persona influyente puede instar a sus seguidores a que les guste, sigan o comenten sus publicaciones. Los clientes que compran o recomiendan a sus amigos también pueden ser recompensados a través de la plataforma. Pueden ganar puntos por cada compra y utilizarlos para una recompensa posterior. Si estás listo para lanzar un producto o una aplicación, Viper es también una excelente opción. El influencer de Facebook creará expectación sobre el lanzamiento y persuadirá a sus seguidores para que se inscriban en una lista de espera incluso antes de que lo lances.

2. Utilizar los anuncios de Facebook para ampliar la audiencia de las campañas de influencers.

Aumenta el alcance utilizando los anuncios de Facebook para promocionar el contenido de marca compartido por el influencer. No puedes asegurar que todos vean cada material publicado por un influencer en Facebook de sus seguidores. Es un reto llegar a tu público objetivo de forma orgánica debido a la sobreabundancia de feeds y a un algoritmo en constante cambio. Puedes dirigirte a tu público preferido, optimizarlo para tu objetivo específico y obtener información de la campaña potenciando el contenido de los influencers mediante anuncios de Facebook. Puedes automatizar todo el procedimiento si utilizas un servicio como Sendinblue. Cree anuncios personalizados, identifique un grupo demográfico objetivo, configure los ajustes y acceda a los datos utilizando el conjunto de herramientas de ventas y marketing. Utilizar la plataforma para lanzar un anuncio de influencers puede ayudarte a llegar a una mayor audiencia. Sendinblue le permite estar donde están sus consumidores, ya sea en Facebook, correo electrónico, SMS o chat. Desde su CRM, puede rastrear cada interacción con el cliente y desarrollar asociaciones.

3. Compartir experiencias a través de Facebook Live.

Probablemente hayas oído que los vídeos de Facebook son un tipo de contenido muy popular. Sin embargo, el vídeo en directo de la plataforma es aún más cautivador. Según Facebook, los consumidores pasan tres veces más tiempo viendo vídeos en directo que vídeos estándar. Por lo tanto, si quieres utilizar a los influencers de Facebook para captar a tu público objetivo, haz que tus influencers hagan vídeos en directo. Los influencers pueden compartir sus experiencias con tu empresa o producto en Facebook Live. Pueden grabarse a sí mismos utilizando o intentando utilizar tus productos por primera vez. Pueden emitir un vídeo en directo de su visita a tu tienda o quizás de un evento en directo que hayas organizado. Facebook Live puede utilizarse de diversas maneras en tu estrategia de marketing de influencers en Facebook.

Los productores de videojuegos Best Friends, por ejemplo, se asociaron con personalidades influyentes como Laura Clery, que tiene más de 3 millones de amigos en Facebook. Laura utilizó las retransmisiones en directo para interactuar con sus fans y mostrarles cómo jugar al juego. Pero ella y su cónyuge también siguieron su argumento habitual representando a Pamela y Roger, personajes de sus anteriores vídeos. De este modo, lograron mantener el humor y el entretenimiento sin dejar de publicitar el juego. Hasta la fecha, el vídeo ha recibido 9.000 comentarios y 8.300 reacciones. También se ha compartido más de 800 veces. Esto demuestra que la influencer pudo captar eficazmente a un gran número de personas a través de la transmisión de Facebook Live.

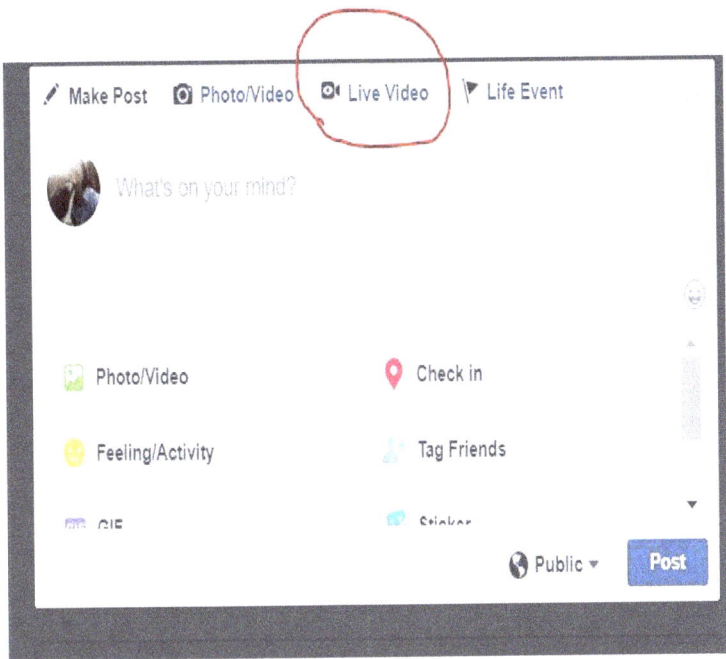

4. Campaña de promoción cruzada desde otras plataformas.

Incluso si has tenido éxito con el marketing de influencers en otras plataformas, Facebook te permite aumentar aún más el rendimiento de tu campaña. Tal vez ya tengas una campaña en la que los influencers escriben un artículo en su blog sobre tus artículos. También puedes pedirles que promocionen el material en Facebook para aumentar su alcance. Así es como los influencers de Minnie & Maxxie mejoraron el rendimiento de la campaña de conocimiento de la marca. En un estudio de caso, Scrunch descubrió que la promoción cruzada de la campaña a través de muchos canales dio lugar a niveles significativos de compromiso y exposición. Se había concedido acceso exclusivo a los artículos de la marca a unos pocos influencers de moda y estilo. Estas personas influyentes de Instagram ayudaron a difundir la nueva gama de productos. Sin embargo, hicieron una promoción cruzada del contenido en Facebook para aumentar el alcance y la participación. Este es un ejemplo de una publicación de las blogueras gemelas de When Words Fail, Nicole y Danielle. La marca colaboró con 19 influencers, que publicaron cada uno imágenes de los artículos de la firma con sus seguidores de Instagram y Facebook. El material de los influencers generó unas 18.500 interacciones directas durante la campaña. La campaña consiguió llegar a un total de 333.445, gracias a Facebook.

5. Defender una causa.

Por una buena razón, el marketing con causa es una de las tácticas de marketing más populares para las empresas. Una marca que defiende una causa es un gran enfoque para humanizarla. Es una técnica para demostrar a tu audiencia que te preocupas por unas inquietudes concretas, ya sean sociales, políticas o medioambientales. Incluir a un influencer en tu esfuerzo de marketing con causa mejora aún más su eficacia. Así que, si estás planeando una campaña de marketing de influencers en Facebook, pídeles que promuevan una causa en la que creas. Gracias a que podía hacer el papel de influencer, a Joseph Gordon-Levitt le resultó más fácil realizar una campaña de marketing de causas con influencers para su marca, Hit Record. Hit Record se asoció con Find Your Park, una organización sin ánimo de lucro dedicada a preservar los parques nacionales de Estados Unidos. Al desarrollar productos de marca, Hit Record ayudó a la causa. Los productos se promocionaron en la página de

Joseph Gordon-Facebook Levitt. De este modo, ayuda a promover la causa y presenta a su empresa como partidaria de la misma.

6. Contar historias con vídeos.

En Facebook, el consumo de contenidos de vídeo está aumentando, lo que hace que los vídeos sean ideales para expresar la narrativa de tu marca a través de los influencers. Según TechCrunch, los usuarios de Facebook ven una media de 8 millones de vídeos al día. La gente ve 100 millones de horas de vídeos de Facebook al día, según Recode.

Demuestra la importancia del contenido de vídeo para atraer a los usuarios de Facebook. Un gran ejemplo es el estudio de caso de Viral Nation sobre una campaña de marketing de influencers de Crayola. El objetivo de la campaña era generar interés antes del lanzamiento del nuevo marcador de aire de Crayola. Crayola colaboró con influencers de las redes sociales para crear vídeos que contaran diferentes historias. Mientras que algunos influenciadores desarrollaron películas que demostraban cómo usar el producto, otros añadieron un giro humorístico al contenido. Por ejemplo, Your Everyday Canadian realizó un divertido vídeo en el que utiliza el pulverizador para ganar dinero para pizza. Este vídeo ha recibido unas 800 reacciones y ha sido visto 577.000 veces. Además, la campaña ha conseguido 4 millones de engagements y 7,1 millones de impresiones.

Cómo convertirse en un influencer de Facebook?

Puedes convertirte en un influencer de Facebook utilizando las estrategias que se indican a continuación:

- Mejora la optimización de tu página de Facebook.
- Identifica tu área de experiencia.
- Reconozca a quién se dirige.
- Utiliza material intrigante y entretenido para cautivar a tu audiencia.
- Establece un horario y cúmplelo.
- Haz que tus oyentes se interesen por lo que dices.
- Mantente al día con las últimas tendencias de las redes sociales, como los hashtags, los vídeos y las Historias de Instagram.
- Observa cómo funcionan tus métodos y haz ajustes en función de los datos.

Seguidores, ayudaría si fueras un influencer en Facebook.

Con tantas variables a tener en cuenta, no hay una sola cifra que sea la respuesta correcta para todas las empresas. Pero puede clasificarse como influenciador utilizando características generales específicas. Como ejemplo, considere lo siguiente:

- Los que tienen menos de 1.000 seguidores son los nanoinfluenciadores.
- Hay dos tipos de
- influenciadores: micro (con menos de 5.000 seguidores) y macro (con más de 100.000).
- Por ejemplo, artistas conocidos, cantantes, actores y estrellas del deporte son ejemplos de mega-influenciadores.

Listo para empezar con el marketing de influencers en Facebook?

Para una campaña de marketing de influencers en Facebook, estas son algunas de las mejores estrategias para trabajar con influencers. Ya sabes cómo localizar a los influencers ideales para colaborar y cómo te beneficiará la campaña. Todo lo que tienes que hacer es empezar a idear una estrategia para construir una campaña rentable de marketing de influencers en Facebook.

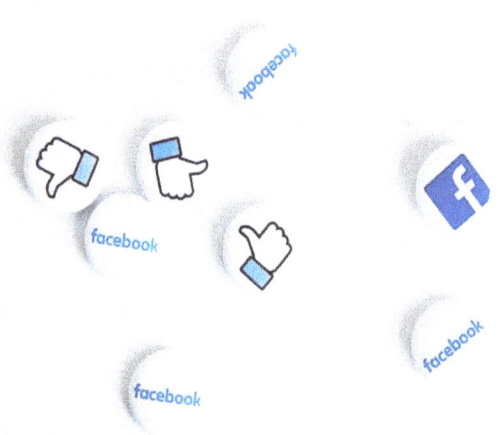

Cómo encontrar influenciadores en Facebook.

Ahora que ya conoces las ventajas del marketing de influencers en Facebook, es el momento de empezar a buscar influencers con los que colaborar en tu proyecto. Sin embargo, descubrir influencers en Facebook es más complejo que en otras plataformas debido a las restricciones de contenido y las normas de privacidad. Entonces, ¿cuál es el mejor curso de acción? Para facilitar tu búsqueda y localizar a excelentes influencers de Facebook con los que colaborar, sigue estos consejos:

1. Búsqueda de palabras clave en Facebook.

Si utilizas Facebook para realizar tu búsqueda, debes buscar páginas en lugar de cuentas individuales. ¿Cuál es la razón de esto? Todo el mundo debe acceder rápidamente al contenido del influencer para que su campaña tenga el mayor impacto posible. Y la configuración de privacidad de las cuentas individuales puede dificultar esta tarea. Elige términos relevantes vinculados a tu empresa, producto o sector para localizar a los influencers para el marketing de influencers en Facebook.

Considere el siguiente escenario:

Puedes utilizar frases como "paternidad", "padre", "madre", etc. para promocionar tus productos entre los padres influyentes de las redes sociales. Sin embargo, como puedes ver en la siguiente captura de pantalla, no hay muchas personas influyentes en la parte superior de los resultados de búsqueda de las páginas de paternidad. Mientras que algunas marcas siguen participando en estas poderosas páginas, es posible que prefieras un impacto más personal, de tú a tú. Si ese es el caso, puedes acotar aún más los resultados eligiendo la opción "artista, banda o figura pública". Obtendrás resultados más precisos para los autores de guías de crianza y los expertos en crianza si haces esto.

2. Medios de comunicación de cuatro estrellas.

Otra herramienta para encontrar influencers en Facebook es Four-star Media. Puedes buscar a los principales influencers de Facebook filtrando los resultados por la plataforma en la que se encuentran. Reduce la búsqueda por el alcance del influencer, el índice de participación, el tipo de audiencia y la frecuencia de publicación del influencer para obtener una lista más precisa. Además, la plataforma de influenciadores te proporciona informes de influenciadores que revelan si el material del influenciador es relevante para tu empresa. También puedes comparar a los influencers de Facebook en función de características como el uso de hashtags, likes, campañas gestionadas y seguidores. Con las búsquedas ilimitadas de influencers de Four-star Media, puedes limitar los resultados a un influencer de Facebook que tenga los seguidores correctos y que sea adecuado para tu empresa. Su panel de control también incluye proyecciones de rendimiento de la campaña, como el valor estimado de los medios de comunicación de los influenciadores y las estimaciones de retorno de la inversión.

3. Sprout Social.

Utiliza Sprout Social para gestionar tus esfuerzos de influencia en Facebook. Puedes utilizar el sitio para encontrar influenciadores en tu campo y ponerte en contacto con ellos. Puedes hacer un seguimiento de lo que hacen los influencers de la campaña en Facebook, supervisar hashtags específicos y estar atento a las menciones. Al añadir etiquetas individuales de la campaña, Sprout Social te permite hacer un seguimiento de lo que el influencer comparte. El informe de etiquetas se puede utilizar para ver el rendimiento de la campaña en Facebook. El número de mensajes enviados, las impresiones, los compromisos, los patrones de crecimiento y los clics son algunas de las estadísticas que recibirás. La bandeja de entrada inteligente de Sprout también facilita la observación de las conversaciones de la gente con varios hashtags. También puedes estar atento a las alusiones particulares. Puedes ver cuánto dinero ganan los influencers por una campaña dándoles códigos de afiliación o enlaces de seguimiento.

Estos son algunos de los métodos más eficaces para localizar influencers en Facebook para tu estrategia de marketing de influencers. Si la búsqueda de influencers te lleva demasiado tiempo, puedes contratar a empresas de marketing de influencers. Estas empresas pueden ponerte en contacto con algunos de los mejores y más relevantes influenciadores para tu negocio. Llevarán a cabo la investigación y la comunicación necesarias para que puedas llevar a cabo una campaña exitosa.

4. Uso de HYPR.

Buscar manualmente a los influencers de Facebook puede llevar mucho tiempo. Pero es necesario si tienes un presupuesto ajustado y no puedes permitirte comprar una herramienta. HYPR, en cambio, es una bonita alternativa si puedes permitirte invertir algo de dinero en técnicas efectivas de marketing de influencers. La ventaja de HYPR es que no sólo sigue los datos de un influencer en Twitter. También sacará información sobre el influencer de otras plataformas de medios sociales, como Facebook. Como resultado, no tendrá problemas para encontrar individuos relevantes de Facebook con mucho poder en la plataforma. HYPR mostrará el número de seguidores de Facebook que tiene el influencer, como se muestra en la captura de pantalla siguiente. También mostrará cuántos "me gusta", comentarios y acciones reciben en la plataforma. La aplicación también ofrece un análisis demográfico de la audiencia del influencer. Esto hace que sea mucho más fácil localizar a los influenciadores que son relevantes para su mercado objetivo.

5. Piscina de la visión.

Otra herramienta excelente para detectar a los influenciadores en todos los canales de las redes sociales es el grupo Insight. Con esta herramienta puedes localizar a los influencers de Facebook y obtener una imagen completa de su actividad en las redes sociales. Te permitirá acotar a los influencers en función del tipo de material que hacen y comparten. La herramienta muestra todos los temas en los que se especializa el influenciador, como se muestra en la siguiente captura de pantalla. También podrás ver los negocios en los que ha trabajado en el pasado y cómo ha ayudado en la ejecución de campañas. Estos son algunos de los métodos más eficaces para localizar influencers en Facebook para tu estrategia de marketing de influencers. Si llevar a cabo la investigación de influencers te lleva demasiado tiempo, puedes contratar un servicio de marketing de influencers. Estas empresas pueden ponerte en contacto con algunos de los mejores y más relevantes influencers para tu negocio. Llevarán a cabo la investigación y la comunicación necesarias para que puedas llevar a cabo una campaña exitosa.

Conclusión:

Facebook tiene la influencia más significativa sobre los clientes que cualquier otra red social. En términos de influencia en las compras, Facebook ha superado a otros sitios web. (Imagen por cortesía de The Manifest). Según un nuevo estudio, los usuarios de Facebook son más propensos a comprar a las marcas que siguen que los usuarios de las otras siete redes sociales evaluadas. Esto se debe a que las redes sociales han mejorado la capacidad de las empresas para comunicarse con los clientes y viceversa. Al ser la más popular y potenciar con éxito el reconocimiento de la marca, es probable que Facebook sea el canal más exitoso.

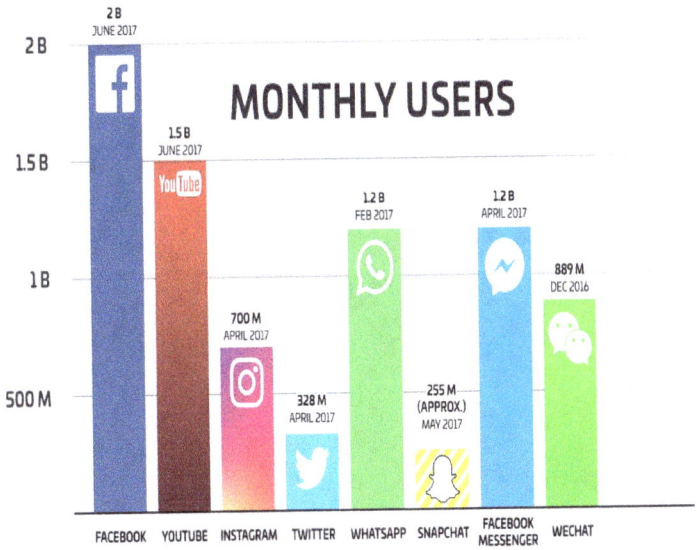

Según una nueva encuesta publicada por The Manifest, los consumidores eligen comprar productos basándose en las empresas que siguen en Facebook antes que en YouTube, Twitter, Snapchat, Reddit, Pinterest, LinkedIn e Instagram juntos. En este estudio, el 52% de los encuestados (cerca de 500 usuarios de redes sociales de EE.UU.) dijeron que habían comprado algo basándose en lo que habían visto en la plataforma de Zuckerberg, en comparación con el 48% que dijeron que habían comprado algo basándose en lo que habían visto en otros sitios. Se supone que se debe a la consolidada condición de red social de Facebook. Varias generaciones la han utilizado, y sus algoritmos de segmentación no parecen haber perjudicado la situación. En general, los medios sociales pueden conectar a los usuarios con las marcas. Los individuos parecen interactuar cada vez más con las estructuras corporativas de diversas maneras. Entre ellas, según los informes, se da "me gusta" a las publicaciones de las marcas (51%), se hace referencia a los nombres de las marcas en los perfiles personales (22%), se envían mensajes privados a las marcas (20%) y se las menciona en los tuits (20%). (18%). Según The Manifest, estos comportamientos hacen que los consumidores "se sientan más cerca" de las empresas, lo que les hace más propensos a comprarles.

Este libro forma parte de una colección en curso llamada "Social Media Influence."

1. Aumentar su influencia en las redes sociales en Facebook.
2. Aumentar su influencia en las redes sociales en YouTube.
3. Aumentar tu influencia en las redes sociales en WhatsApp.
4. Aumentar su influencia en las redes sociales en Instagram.
5. Aumentar tu influencia en las redes sociales en TikTok.
6. Aumentar tu influencia en las redes sociales en Snap Chat.
7. Aumentar tu influencia en las redes sociales en Reddit.
8. Aumentar tu influencia en las redes sociales en Pinterest.
9. Aumentar su influencia en las redes sociales en Twitter.
10. Aumentar su influencia en las redes sociales en LinkedIn.

Consulte en Amazon más libros de esta colección.

Biografía del autor

Aaron Cockman. A Aaron le gusta leer y aprender más sobre cómo ser rentable en las redes sociales, así que decidió escribir sobre algo que le apasiona. Más libros vendrán en esta colección, así que síguela en Amazon para más libros.

Gracias por su compra de este libro.

Honestamente lo aprecio y te aprecio a ti, mi excelente cliente.

Que Dios te bendiga.

Sherry Lee.

www.ingramcontent.com/pod-product-compliance
Lightning Source LLC
Chambersburg PA
CBHW070254220526
45465CB00004B/1612